Rita Breuer

Familienleben im Islam

HERDER / SPEKTRUM

Band 4591

Das Buch

Kann ein islamischer Ehemann seiner Frau verbieten, das Haus zu verlassen und berufstätig zu sein? Dürfen muslimische Mädchen, die hier leben, gegen ihren Willen verheiratet werden? Was sagt der Islam zur Mädchenbeschneidung? Dürfen Muslime Nichtmuslime heiraten? Können sie gar unter bestimmten Umständen mehrere Frauen heiraten? Wie oft passiert das heute noch? Ist Freundschaft zwischen den Geschlechtern möglich, oder gibt es nur die Ehe? Hat das Individuum gegenüber dem Clan überhaupt Spielräume und Rechte? Erlaubt der Koran die Empfängnisverhütung oder die Abtreibung? Wie ist das mit den Kleidervorschriften für Frauen – und für Männer: Welche gibt es wirklich, und existieren Sanktionen? Wer erhält nach einer Scheidung das Sorgerecht? Wie ist die Unterhaltspflicht? – Das sind Fragen, die immer wieder gestellt werden. Sie zeugen von realen Schwierigkeiten, aber auch von Vorurteilen und Mißverständnissen in der Begegnung zweier Kulturen. Die Stellung der Frau im Islam ist bei uns bereits sehr intensiv beleuchtet worden. Aber ihre Situation und Rechtsstellung ist – unterschiedlich in den verschiedenen Lebensphasen – eingebettet in die Familienstruktur – genauso wie die des Mannes. Rita Breuer trägt dem Rechnung. Ausgehend von den Grundlagen des Islams – Koran, Vorbild des Propheten, Rechtsauslegung –, die bis heute die soziale, kulturelle und rechtliche Realität und das Bewußtsein der Gläubigen prägen, bezieht sie auch die Situation in den deutschsprachigen Ländern ein und fragt nach dem Kontext der Familie heute und nach den Wandlungen im islamischen Familienverständnis zwischen Tradition und Moderne.

Die Autorin

Dr. Rita Breuer, geb. 1963, hat Islamwissenschaften und Volkswirtschaft studiert und über Sozial- und Wirtschaftsgeschichte der Pilgerfahrt im Islam promoviert. Sie war wissenschaftliche Mitarbeiterin am Orientalischen Seminar der Universität Freiburg, Beraterin für interreligiöse Zusammenarbeit bei verschiedenen Insitutionen und ist z. Z. Länderreferentin bei einem international operierenden Hilfswerk. Zahlreiche Lehraufträge, Vorträge, Seminare und Artikel zu verschiedenen Fragen islamischer Kultur. Mehrere Sprach- und Forschungsreisen in Länder des islamischen Kulturraums.

Rita Breuer

Familienleben im Islam

Traditionen – Konflikte – Vorurteile

Herder
Freiburg · Basel · Wien

Gedruckt auf umweltfreundlichem,
chlorfrei gebleichtem Papier

Originalausgabe

Alle Rechte vorbehalten – Printed in Germany
© Verlag Herder Freiburg im Breisgau 1998
Herstellung: Freiburger Graphische Betriebe 1998
Umschlaggestaltung: Joseph Pölzelbauer
Umschlagfoto: Lori Grimker/Focus
ISBN: 3-451-04591-5

Inhalt

Einleitung

„*Die authentische islamische Gesellschaft ist eine Gesellschaft, die die Familie als ihre Keimzelle betrachtet und sie mit ihrem Schutz umgibt, sie adelt und in jeder Hinsicht für ihre Beständigkeit und Weiterentwicklung Sorge trägt.*" So heißt es in der Präambel der 1981 erschienenen allgemeinen Erklärung der Menschenrechte im Islam. Auch die Verfassungen der meisten islamischen Länder bekennen sich zu der zentralen Rolle der Familie, die nach mehrheitlicher Überzeugung die angemessene Lebensform für jeden Menschen ist und für deren Zusammenleben, innere Verfaßtheit und äußere Einbettung das islamische Recht umfassend Vorsorge getroffen hat. Ist es also legitim, in einer höchst allgemeinen Form über das Familienleben im Islam nachzudenken, noch dazu in einer Zeit, in der mit großer Vehemenz zu mehr Differenzierung in der hiesigen Islam-Diskussion aufgerufen wird?

Islamische Vielfalt

Tatsächlich birgt der Islam eine große Vielfalt in sich, sei es durch die geographische Verbreitung, die verschiedenen innerislamischen Richtungen und Strömungen und die individuelle Haltung der einzelnen Gläubigen zu religiösen Fragen. Selbst wenn wir die beinahe vierzehn Jahrhunderte islamischer Geschichte außer acht lassen und uns auf die Gegenwart beschränken, so haben wir es doch mit nahezu einer Milliarde Muslime in aller Welt zu tun, die in Millionen von Familien unter den verschiedensten Umständen leben. Der kleinere Teil von ihnen ist in der arabischen Welt, dem Iran und der Türkei zu Hause, also in Ländern, deren Zugehörigkeit zum islamischen Kulturraum uns unmittelbar bewußt ist. Die Mehrheit hingegen lebt in Mittel- und Südostasien, in Pakistan, Indien, Bangladesh und Indonesien, in verschiedenen Ländern des afrikanischen Kontinents und schließlich als Minderheiten in aller Welt.

Innerhalb des Islams hat es seit der Frühzeit unterschiedliche Konfessionen und Glaubensrichtungen gegeben, Rechtsschulen und mystische Gemeinschaften, Traditionalisten und Reformer. Aus unserem täglichen Umfeld kennen wir die tief verschleierte Muslimin ebenso wie die europäisch gekleidete und auffällig geschminkte Türkin, der man ihre Zugehörigkeit zum Islam nicht unbedingt ansieht. Die persönliche Bindung der einzelnen an den Islam ist ganz offensichtlich sehr unterschiedlich. Ein großer Teil der muslimischen Weltbevölkerung kann heute insofern als traditionell gelten, als sie an den religiösen Normen und Vorschriften, wie sie von jeher verstanden und gelebt wurden, festhalten. Wesentlich geringer dürfte der Rückhalt der sogenannten fundamentalistischen oder auch islamistischen Bewegungen sein, die die allgemein verbindliche Durchsetzung islamischer Grundsätze mit propagandistischen und politischen Mitteln sowie teilweise mit Gewalt betreiben. Damit reagieren sie unter anderem auf die Loslösung von religiösen Traditionen und die Übernahme westlicher Werte und Verhaltensmuster durch ihre Landsleute und Glaubensgenossen. So hat sich auch eine beträchtliche Zahl von Muslimen allen religiösen Vorschriften zum Trotz weit von der Ausübung der Religion entfernt und teilweise auch innerlich vom Islam distanziert.

Nach diesem kurzen Einblick in die innerislamische

Vielfalt liegt es auf der Hand, daß es hier nicht darum gehen kann, die Lebensrealität von Muslimen insgesamt abzubilden, sondern vielmehr die islamrechtlichen Grundlagen, die diese Realität mit vielen Nuancen prägen und innerhalb der Vielfalt einen verbindenden und richtungweisen Faktor darstellen.

Islamisches Recht – islamisches Familienrecht

Die geradezu sprichwörtliche Einheit von Religion und Politik im Islam bezieht sich nicht nur auf Fragen der öffentlichen Ordnung und politischen Herrschaft, sondern impliziert gleichzeitig den Anspruch, daß alle Bereiche des Lebens von der Religion her bestimmt und durchdrungen sein sollen. Nach Auffassung vieler Muslime leistet daher die konsequente Anwendung des islamischen Rechts einen unverzichtbaren Beitrag zum Leben nach dem Islam.

Erste Quelle des islamischen Rechts ist der Koran, nach Auffassung der Gläubigen das reine Wort Gottes, das dem Propheten Mohammed (gest. 632 n. Chr.) durch den Engel Gabriel in arabischer Sprache offenbart und Mitte des 7. Jahrhunderts n. Chr. in seiner heutigen Form kodifiziert wurde. In Fragen, die der Koran nicht eindeutig regelte, wurde die sogenannte Sunna als zweite, aber untergeordnete Rechtsquelle hinzugezogen. Sie umfaßt Berichte über all das, was der Prophet gesagt, getan oder stillschweigend geduldet haben soll. Ergänzend fanden zwei immaterielle Quellen der Rechtsfindung allgemeine Anerkennung: der Analogieschluß, durch den eine islamrechtliche Regelung auf einen neuen Sachverhalt übertragen wurde, und der Konsens der Rechtsgelehrten, getreu dem Wort des Propheten, seine Gemeinde könne in einem Irrtum nicht einig sein.

Aus den genannten Quellen wurde mit Hilfe weiterer

Methoden der Rechtsfindung im 8. und 9. Jahrhundert das islamische Recht (scharia) in mehreren leicht voneinander abweichenden Fassungen kodifiziert. Innerhalb des sunnitischen Islams, dem etwa 85 Prozent der Muslime weltweit angehören, entstanden vier Rechtsschulen, die jeweils nach ihren Gründern benannt wurden und heute in verschiedenen Regionen dominieren: die Hanafiten auf dem Balkan, in der Türkei, in Zentralasien, Afghanistan, Pakistan und Indien, die Malikiten in Nordafrika, Oberägypten, im Sudan, in Nigeria, Kuwait und Bahrain, die Schafiiten in Unterägypten, Jordanien, im Libanon, in Palästina, Südarabien, Tansania, Malaysia und Indonesien und die Hanbaliten in Syrien, im Irak und in Saudi-Arabien. Die Unterschiede zwischen den Rechtsschulen reduzieren sich auf Detailfragen wie beispielsweise die Klassifizierung der Beschneidung als ‚empfohlen‘ oder ‚Pflicht‘ oder die Frage, ob die Frau zu einer medizinisch indizierten Abtreibung die Zustimmung ihres Mannes einholen muß. Weit größer ist der Konsens zwischen den Lehrmeinungen, und die gegenseitige Anerkennung geht so weit, daß der Angehörige einer Rechtsschule in einer einzelnen Frage der Lehre einer anderen Rechtsschule folgen darf und das geltende Recht in vielen muslimischen Staaten eine Mischform aus verschiedenen Rechtsschulen darstellt. Der schiitische Islam weist demgegenüber einige Besonderheiten im Eherecht und im Erbrecht auf, aber auch hier überwiegen die Übereinstimmungen mit sunnitischen Rechtsauffassungen deutlich, so daß es durchaus legitim erscheint, vom islamischen Familienrecht allgemein zu sprechen.

Bezogen auf Ehe und Familie wie auf viele andere Lebensbereiche beschränken sich die Quellen des Islams nicht auf allgemeine moralische Appelle wie Rücksicht, Liebe und Geduld, sondern regeln in einer Fülle von Details Fragen des Ehe-, Scheidungs- und Erbrechtes, der

Rechtsstellung und Mündigkeit des Kindes, des Zusammenlebens der Geschlechter untereinander, der Kleiderordnung und der Rolle des einzelnen in Familie und Gesellschaft. Die entsprechenden Vorgaben des islamischen Rechts zum Familienleben sind über Jahrhunderte nicht in Frage gestellt worden und prägen bis heute sehr weitgehend das geltende Familien- und Personenstandsrecht der meisten Länder mit mehrheitlich islamischer Bevölkerung. Selbst Staaten wie Syrien oder Irak, die sich in vielen Bereichen des Straf-, Zivil- und Handelsrechts an europäischen Vorbildern orientierten, haben im Familienrecht mit minimalen Modifikationen am islamischen Recht festgehalten. Dieses Zugeständnis beruhigte die Gemüter der Geistlichkeit wenigstens vorübergehend und schien auf dem Weg zu Modernisierung und Anpassung an westliche Standards am wenigsten hinderlich. Lediglich Tunesien und die Türkei haben gegen scharfen Protest religiöser Kreise den Geltungsbereich des islamischen Familienrechts erheblich eingeschränkt. Hier sowie in Ländern, in denen Muslime als angestammte oder eingewanderte Minderheiten leben, unterstehen sie anderen Rechtssystemen, doch bleibt ihr Rechtsbewußtsein in aller Regel vom Islam geprägt. Das islamische Recht ist so wenigstens idealerweise im Bereich des Familienrechts wie in anderen Bereichen für alle Muslime verbindlich.

Angewendet und ausgelegt werden die religiösen Quellen des Islams und das islamische Recht durch die Theologen und Rechtsgelehrten, sei es in der Freitagspredigt in der Moschee oder mit größerer Breitenwirkung durch die Rechtsgutachten (fatwas), die die Gläubigen von hochrangigen Gelehrten zu allen Fragen erbitten können, oder in den zahlreichen Schriften, die diese veröffentlichen und die zugleich Spiegel und Stimulator muslimischen Denkens sind. Dabei kann die Vielzahl der Publikationen zum Themenbereich ‚Frau und Familie' durchaus als Indiz für die Bedeutung gelten, die die Gelehrten diesem Aspekt der islamischen Gesellschaft beimessen. Wenn es um Fragen der angemessenen Bekleidung, der Erziehung von Jungen und Mädchen, der Berufstätigkeit von Frauen und andere Themen des Familienlebens geht, besteht ein hohes Maß an Einigkeit zwischen den einzelnen Verfassern. Bei allem Respekt vor der inner-islamischen Vielfalt ist hier eine Hauptlinie, die sich sehr breiter Akzeptanz erfreut, nicht zu übersehen.

Traditionen, Konflikte, Vorurteile

Nun könnte der Eindruck entstehen, daß alles, was Muslime tun, auch vom Islam geprägt und auf die Religion zurückzuführen ist. Dies ist natürlich nicht der Fall, denn die islamische Welt ist nicht nur ebenso vielfältig wie die christliche, sondern auch nachhaltig von ganz verschiedenen Faktoren geprägt. Zunächst verdienen die wirtschaftlichen und sozialen Lebensumstände der muslimischen Weltbevölkerung Beachtung. Nur ein kleiner Teil profitiert vom Ölreichtum mancher arabischer Länder oder gehört den Oberschichten an, die es in jedem noch so armen Land gibt. Die große Mehrheit lebt dagegen sehr einfach, teilweise in bitterer Armut. Viele Verhaltensweisen gerade auch in der Familie sind darauf zurückzuführen. Eltern, die mehrere Kinder und ein minimales Einkommen haben, können nicht alle Kinder zur Schule schicken, und so fällt ihre Wahl zwangsläufig auf die Söhne, von denen später erwartet wird, daß sie eine Familie ernähren können. Die Lebensrealität einer Familie in Oberägypten hat mit der in Indien oder Brasilien über jede Religionsgrenze hinweg vieles gemeinsam; dasselbe gilt für die modern gekleideten, reichen und privilegierten Oberschichtbürger der Großstädte, mögen sie nun Kairo, Bombay oder Rio de Janeiro heißen.

Der Islam hat sich in relativ kurzer Zeit bis nach Marokko und Südspanien im Westen und bis nach Südostasien im Osten ausgebreitet und ist in den neu eroberten Gebieten mit verschiedenen kulturellen Elementen konfrontiert worden, die teilweise Eingang in die neue Religion fanden. Viele Phänomene, die wir landläufig mit dem islamischen Familienleben in Verbindung bringen – Beschneidung, Verschleierung, Polygamie –, gehen ursprünglich nicht auf den Islam zurück, fanden aber Eingang in die neue Religion und sind bis heute auch in anderen nicht-islamischen Kulturen zu finden.

Für die meisten Muslime ist es von zentraler Bedeutung und geradezu Bestandteil ihrer freien Religionsausübung, über die persönliche Glaubensüberzeugung hinaus in einer islamischen Ordnung zu leben. Auch wenn sich beispielsweise in Deutschland gläubige Muslime dem Grundgesetz gegenüber loyal verhalten, bleibt es für sie schwierig, ein von Menschen und noch dazu von Nicht-Muslimen gemachtes Gesetz und die daraus resultierende Ordnung zu akzeptieren. Es gibt eine Reihe typischer Konfliktfelder wie die Erziehung von Jungen und Mädchen, Kleiderordnung, Religionsausübung, Umgang mit Andersgläubigen oder Familienzusammenführung mit mehr als einer Ehefrau, die dieses Problem immer wieder deutlich hervortreten lassen. Viele Eltern tun sich schwer, weibliche Lehrpersonen für ihre Söhne zu akzeptieren und versuchen, ihre Kinder von Schulausflügen und gemeinsamen Freizeitaktivitäten mit gleichaltrigen Deutschen fernzuhalten, um sie statt dessen in die Koranschule zu schicken. Andere sind in Schule und Nachbarschaft voll und ganz integriert und scheinen sich um die Einhaltung ihrer religiösen Vorschriften keine großen Gedanken zu machen. Aus unserer Sicht machen die einen wie die anderen Gebrauch von ihrem Recht auf freie Wahl ihrer persönlichen Überzeugungen und Lebensweise. Im traditionellen islamischen Denken herrscht dagegen die Auffassung vor, daß jeder Mensch, der als Kind eines muslimischen Vaters und somit als Muslim geboren wurde, zum Leben nach dem Islam verpflichtet ist. Die Wahrung der islamischen Ordnung liegt in der Verantwortung der Gesellschaft insgesamt und der Familie, die den Lebenswandel ihrer Mitglieder sorgsam überwacht und abweichendes Verhalten sanktioniert.

Die gegenseitige Wahrnehmung von Muslimen und Nicht-Muslimen in Deutschland ist noch immer stark mit Vorurteilen behaftet, die häufig im Bereich des Familienlebens angesiedelt sind. Sie äußern sich in einseitig vorgefaßten, meist negativen Ansichten und Klischees, die dem Verständnis und der Wertschätzung Andersdenkender nicht gerade dienlich sind. Im Umgang mit diesem Problem sollten wir uns nicht damit zufriedengeben, Vorurteile als solche zu identifizieren und damit einer weiteren seriösen Betrachtung für unwürdig zu befinden. Vorurteile entstehen nicht aus dem Nichts, sondern durch die subjektive Wahrnehmung und Bewertung eines Sachverhaltes, der dann in der Klischeebildung meist sehr verzerrt wird. Hier zwischen Dichtung und Wahrheit zu unterscheiden, möge ein Schritt zu mehr gegenseitigem Verständnis sein.

1. Verheiratet die Ledigen: die Eheschließung

a) Von der Notwendigkeit zu heiraten

„Und verheiratet die Ledigen unter euch und die Recht-
schaffenen von euren Sklaven und Sklavinnen. Wenn sie
arm sind, wird Gott sie durch seine Huld reich machen.
Und Gott umfaßt und weiß alles. Diejenigen, die keine
Möglichkeit zum Heiraten finden, sollen keusch bleiben,
bis Gott sie durch seine Huld reich macht" (Koran
24:32,33).

Heirat ja oder nein, diese Frage stellt sich in der islamischen Gesellschaft nicht. Allen Menschen, die hierzu gei-
stig und körperlich in der Lage sind, wird die Ehe mit dem
Ziel der Familiengründung als einzig angemessene Lebensform empfohlen. Sie gilt als die natürliche Bestimmung eines jeden Menschen und Bestandteil eines Gott
wohlgefälligen Lebens. Frei gewählte Ehelosigkeit gibt es
dagegen nicht, und die wenigen Anhänger mystischer
Richtungen, die sich im Laufe der islamischen Geschichte
für diese Lebensform als Bestandteil ihrer asketischen
Grundhaltung entschlossen, waren immer scharfer Kritik
von seiten der Orthodoxie ausgesetzt. Ehelosigkeit ist im
Islam alles andere als heilig, vielmehr soll sich die diesbezügliche Lebensführung der Geistlichen – Imame, Predi-
ger, Religionsgelehrte der verschiedensten Ebenen – nicht
von der des durchschnittlichen Gläubigen unterscheiden.
Die Ehe ist insofern geradezu eine Pflicht, sie ist aber auch

ein Recht, das niemandem vorenthalten werden darf. Familie, Gesellschaft und Staat müssen zur Beseitigung eventueller Hindernisse beitragen, und auch ein Vater, der ansonsten sehr große Autorität über seine Kinder hat, darf ihnen zwar die Heirat eines bestimmten Partners, nicht aber die Ehe als solche verbieten.

Die Sexualität wird als gute Gabe Gottes, als Geschenk seiner Schöpfung verstanden mit dem Ziel, Mann und Frau Genuß und Nachkommen zu verschaffen. Der Mensch hat nicht das Recht, sich dieser Aufgabe, die ihm im göttlichen Heilsplan zukommt, zu verschließen und somit gegen seine ureigene menschliche Natur zu verstoßen. Aus islamischer Sicht ist es notwendig, die Sexualität zu leben, aber innerhalb der Ehe, die den einzig legitimen Rahmen dafür bildet. Man kann lange darüber spekulieren, warum die Sexualität einen so hohen Stellenwert innerhalb der Ehe hat und gleichzeitig außerhalb der Ehe zu den schwersten Verfehlungen überhaupt zählt. Neben grundsätzlichen moralischen Erwägungen spielt sicherlich wie in anderen patriarchalischen Religionen und Gesellschaften der zweifelsfreie Nachweis der Vaterschaft eine zentrale Rolle.

Die unbefriedigte Sexualität unverheirateter Menschen soll zwangsläufig zur Unzucht führen und gilt als große Gefahr für die islamische Ordnung. Auch die modernen Gesetzestexte islamischer Länder definieren die Aufrechterhaltung der allgemeinen Moral als ein Hauptziel der Ehe. Ehelosigkeit muß daher bis über die mittleren Lebensjahre hinaus immer ein vorübergehender Zustand sein. Man ist noch nicht oder noch nicht wieder verheiratet, in jedem Fall ist dieser Zustand so schnell wie möglich zu beenden. Selbst materielle Hindernisse, auf die der oben zitierte Koranvers anspielt, dürfen eine Eheschließung nicht dauerhaft verhindern und müssen letztlich von dem Vertrauen auf die Güte Gottes überlagert werden.

Individualreisende in islamische Länder, die in direkten Kontakt mit der Bevölkerung kommen, stellen oft fest, daß sie tiefes Mitleid erregen, weil sie mit fünfundzwanzig oder gar dreißig Jahren noch immer nicht verheiratet sind. In muslimischen Gesellschaften wird in einem solchen Fall alles getan, um eine Heirat zu realisieren; die ganze Verwandtschaft und Nachbarschaft wird sich eifrig an der Suche nach einem geeigneten Partner beteiligen und alles tun, um den Fluch der Ehe- und Kinderlosigkeit abzuwenden. Bis heute sind es wenige Muslime, die sich diesen Traditionen widersetzen und bewußt ledig bleiben wollen. Selbst in den großen Städten haben sie es schwer, eine Wohnung zu finden und von ihrem Umfeld akzeptiert zu werden. Von konservativen Kreisen werden ihnen moralische Verfehlungen und Abkehr vom Islam unterstellt, hat doch der Prophet gesagt: „Die Ehe ist die Hälfte der Religion."

b) Heiratsalter und Partnerwahl

Es war kurz vor ihrem vierzehnten Geburtstag, als Fatima mithörte, wie ihr Vater im Nebenzimmer mit einem Cousin über eine Heirat zwischen ihr und Mustafa, einem Sohn des Verwandten, sprach. Fatimas Leben war bisher unauffällig verlaufen. Geboren und aufgewachsen war sie im oberägyptischen Dorf Kom Boha, als viertes von insgesamt sechs Kindern. Ihre Eltern hatten eine kleine Landwirtschaft, der Vater ging außerdem einer Bürotätigkeit nach. Sie waren nicht reich, aber hatten doch ihr Auskommen. Fatima hatte sogar vier Jahre lang die Grundschule besucht und konnte schlecht und recht lesen und schreiben. Seit ihrem elften Lebensjahr war sie zu Hause und half den Eltern im Haus und auf dem Feld. Zwei ältere Schwestern waren schon verheiratet und hatten ihre ersten Kinder. Fatima wußte, daß auch sie bald heiraten würde, es gehörte einfach dazu. Hin und wieder hatte sie im Vorbeilaufen einen Blick auf den jungen Abderrahman geworfen, der sie auch nett zu finden schien, aber ihre Eltern hielten nicht viel von Abderrahmans Vater, und so wußte Fatima, daß aus dieser Verbindung nichts werden konnte. Als der Cousin also nach dem Gespräch das Haus der Familie verlassen hatte, riefen Fatimas Eltern ihre Tochter zu sich. Sie schienen sehr stolz zu sein, als sie ihr mitteilten, daß sie in Kürze ihren entfernten Verwandten Mustafa heiraten sollte. Mustafa war zweiundzwanzig Jahre alt, lebte mit seinen Eltern und einigen Geschwistern in der mittelständischen Stadt Sohag und hatte als Bankangestellter eine recht gute Stellung. Fatimas Vater hatte einen hohen Brautpreis erzielt, es lag ihm viel daran, daß es seiner Tochter nach der Heirat gut ging und sie für alle Fälle abgesichert war. Fatima war etwas wehmütig ums Herz, als sie daran dachte, daß sie bald das vertraute Elternhaus verlassen würde. Mustafa hatte sie hin und wieder gesehen, wenngleich kaum mit ihm gesprochen, aber er hatte einen netten Eindruck gemacht, und so hatte sie eigentlich keine Einwände. Wenige Wochen später wurde die Hochzeit gefeiert.

Heiratsalter

Häufig verbinden wir mit dem Islam die Vorstellung von sehr frühen, teilweise erzwungenen Eheschließungen oder gar Kinderehen infolge von Versprechen in sehr jungen Jahren.

Das islamische Recht sieht im Prinzip kein Mindestheiratsalter vor. Ausschlaggebend für die Mündigkeit und die Fähigkeit für den Vollzug der Ehe ist das Eintreten der Geschlechtsreife. Dieses wird – von objektiven Gegebenheiten wie der ersten Menstruation abgesehen – je nach

Lehrmeinung bei Mädchen zwischen neun und dreizehn, bei Jungen zwischen elf und fünfzehn Jahren angenommen. Erlaubt sind aber auch Eheschließungen im Kindesalter, bei denen beide Parteien durch einen gesetzlichen Vormund vertreten sein müssen. Nach Eintreten der Volljährigkeit im genannten Sinne haben sie die Wahl, die Ehe zu lösen oder zu vollziehen. Der Prophet des Islams, der den Gläubigen insbesondere in Fragen, die der Koran nicht eindeutig geregelt hat, als Vorbild gilt, hat seine Frau Aisha geheiratet, als diese etwa sechs Jahre alt war. Nach der Heirat soll er sie regelmäßig im Hause ihres Vaters besucht haben, wo sie noch mit Puppen spielte. Erst einige Jahre später zog sie zu ihm.

Auch wenn dieses zeitliche Auseinanderklaffen von Heirat und Vollzug der Ehe theoretisch erlaubt bleibt, haben sich die Gelehrten im Laufe der Jahrhunderte darauf geeinigt, daß Ehen erst nach dem Eintritt in die Pubertät geschlossen werden sollen. Gegen die Heirat eines elfjährigen Mädchens mit einem vierzehnjährigen Jungen ist aus dieser Perspektive nichts einzuwenden. Dennoch sind solche Fälle heute äußerst selten. Aus einer Reihe von Gründen hat sich das durchschnittliche Heiratsalter im islamischen Kulturraum in den letzten Jahrzehnten erhöht. Hierzu zählen das insgesamt höhere Bildungsniveau, von dem auch Mädchen profitieren, sowie die wirtschaftlich schlechten Rahmenbedingungen, die eine frühe Heirat mit allen finanziellen Konsequenzen, die diese mit sich bringt, verhindern. Untersuchungen belegen eindeutig, daß das Alter der Braut bei der ersten Eheschließung analog zum Bildungsgrad steigt. So heiratet die Analphabetin durchschnittlich mit achtzehn, die Frau mit Ober- oder gar Hochschulbildung mit etwa sechsundzwanzig Jahren.

Staatlicherseits wurden im Laufe des 20. Jahrhunderts Mindestheiratsalter eingeführt, die im Durchschnitt bei sechzehn Jahren für Mädchen und achtzehn Jahren für

Jungen liegen, vereinzelt etwas niedriger – fünfzehn und achtzehn Jahre in Marokko, fünfzehn und sechzehn in Jordanien – oder höher –, siebzehn und zwanzig Jahre in Tunesien. Ausnahmen bedürfen triftiger Gründe und einer richterlichen Genehmigung. Die Regierungen der genannten Länder gaben mit diesem Schritt einerseits den Forderungen von Reform- und Frauenbewegungen nach, andererseits erhofften sie sich einen Beitrag gegen das enorme Bevölkerungswachstum, in dem die Fortpflanzungsperiode im Leben der Frau wenigstens um einige Jahre verkürzt wurde. Von islamischer Seite gibt es heute gegen das staatlich verordnete Mindestheiratsalter keinen nennenswerten Widerstand. Statt dessen haben viele Gelehrte diese Tendenz auch aus religiöser Sicht bestärkt, da inzwischen nachgewiesen sei, daß das allzu frühe Gebären von Kindern schaden könne und außerdem der Islam Jungen und Mädchen gleichermaßen ein Recht auf Bildung zugestehe, das bei allzu früher Heirat zwangsläufig zu kurz käme. Aus einer Reihe von Gründen versucht man aber in traditionellen Kreisen immer wieder, das Mindestheiratsalter vor allem von Mädchen zu umgehen, aus Angst vor dem folgenschweren Verlust der Jungfräulichkeit vor der Ehe und zur finanziellen Entlastung der Familie, die für eine verheiratete Tochter nicht mehr aufkommen muß. Hier und da ist bei überstürzten Eheschließungen in sehr jungen Jahren sicher auch eine ungewollte Schwangerschaft im Spiel, über die man freilich nie laut sprechen würde. Das islamische Recht hat hier insofern vorgesorgt, als Kinder, die mindestens sechs Monate nach der Heirat zur Welt kommen, als legitim gelten. Aus den genannten Gründen wird versucht, die Mädchen älter erscheinen zu lassen, als sie sind, indem Geburtsscheine vernichtet oder ärztlicherseits gegen Bestechung geschönte Atteste ausgestellt werden. Schließlich ist die religiöse Eheschließung für die Menschen ausschlaggebend, die jeder Imam unabhängig von staatlichen Behörden vornehmen kann. Diese können kaum umhin, die einmal nach dem Religionsgesetz geschlossene Ehe anzuerkennen, und sei es, nachdem die Kandidaten das notwendige Alter erreicht haben.

Über den passenden Altersunterschied zwischen den Eheleuten macht das islamische Recht keine verbindlichen Angaben. Bei der Lektüre der vielen islamischen Schriften zur Eheschließung heute fällt allerdings auf, daß die Gelehrten teilweise vehement von der Verheiratung junger Mädchen mit sehr viel älteren Männern abraten. Letztere seien zwar häufig betucht und würden einen hohen Brautpreis zur Absicherung des Mädchens zahlen, könnten aber ihren Bedürfnissen auf Dauer nicht gerecht werden.

Heirat wider Willen?

Die traditionelle islamische Gesellschaft ist von der Trennung der Geschlechter geprägt, so daß junge Männer und Frauen im heiratsfähigen Alter sich kaum zufällig kennenlernen. Wenn das geeignete Alter erreicht ist, beteiligt sich daher meist die ganze Familie an der Suche nach einem geeigneten Ehepartner, wobei häufig auch familiäre Interessen eine Rolle spielen. In wenig individualisierten Gesellschaften ist die Ehe neben der Verbindung von zwei Personen vor allem auch eine Verbindung zwischen zwei Familien. Bei der Eheanbahnung spielen die Frauen eine Schlüsselrolle; sie können die künftige Braut unverschleiert sehen und unbeschwert kennenlernen, um dem Bräutigam dann ihre Vorzüge zu schildern.

Die Frage, ob ein Mädchen gegen seinen Willen verheiratet werden darf, ist nicht ganz eindeutig zu beantworten. Eigentlich sieht das islamische Recht ihre Einwilligung vor, allerdings ist strittig, wie diese auszusehen hat. Es wird keine klare verbale Absichtserklärung verlangt, sondern betretenes Schweigen oder leises Weinen können bereits als Zustimmung ausgelegt werden. Lediglich lautes Geschrei bedeutet unmißverständlich, daß das Mädchen einen Heiratskandidaten ablehnt. Über Jahrhunderte war es üblich, daß die Braut nur kurz über die bevorstehende Eheschließung informiert wurde und ihren Bräutigam bei der Hochzeit erstmals sah. Wenngleich das auch heute noch vorkommt, sehen die modernen Gesetze in der Regel unter Berufung auf den Islam vor, daß ein Mädchen nicht gegen seinen Willen verheiratet werden darf. Wurde ein minderjähriges Mädchen durch seinen Vormund verheiratet, kann es mit Erreichen der Volljährigkeit eine Nichtigkeitserklärung des Ehevertrages erwirken. Neben den gesetzlichen und religiösen Rahmenbedingungen spielen natürlich eine Reihe anderer Faktoren eine Rolle bei der Frage, ob ein Mädchen überhaupt zu einer freien Entscheidung in der Lage ist. Keine Familie wird sie dauerhaft bei sich behalten wollen, weil sie alle potentiellen Ehemänner ablehnt, und häufig hat sie ihre untergeordnete Position unter das männliche Geschlecht so verinnerlicht, daß sie weder psychisch noch sozial zum Widerspruch in der Lage ist. Auch in diesem Bereich macht sich natürlich vornehmlich in städtischen Regionen der soziale Wandel bemerkbar. Wo sich die Sitten hinsichtlich der Geschlechtertrennung gelockert haben, lernen junge Leute sich ungezwungener kennen und lassen sich die Entscheidung, wen sie heiraten wollen, nicht mehr aus der Hand nehmen. Dabei ist es bis heute so gut wie unmöglich, daß eine Ehe gegen die Interessen der Familie und den Willen der Eltern zustande kommt. In einigen Ländern wie beispielsweise Algerien sieht der Gesetzgeber ausdrücklich das Recht des Vaters vor, seiner jungfräulichen Tochter eine Eheschließung zu verbieten. De facto hat er dieses Recht überall.

Bei der Partnerwahl gilt es nach dem islamischen Recht, eine Reihe von Ehehindernissen zu vermeiden, damit ein zustandekommender Ehevertrag Gültigkeit hat. Bestimmte Grade der Blutsverwandtschaft bilden ein dauerhaftes Ehehindernis. Der Koran bestimmt: *„Verboten ist auch, zu heiraten eure Mütter, eure Töchter, eure Schwestern, eure Tanten väterlicherseits und eure Tanten mütterlicherseits, die Töchter des Bruders und die Töchter der Schwester, eure Mütter, die euch gestillt haben, und eure Milchschwestern, die Mütter eurer Frauen, eure Stieftöchter, die sich in eurem Schutz befinden und von euren Frauen stammen, zu denen ihr eingegangen seid – wenn ihr zu ihnen noch nicht eingegangen seid, dann ist es für euch kein Vergehen – und die Ehefrauen eurer Söhne, die aus euren Lenden stammen. (Verboten ist) auch, daß ihr zwei Schwestern zur Frau zusammenhabt, abgesehen von dem, was bereits geschehen ist. Gott ist voller Vergebung und barmherzig"* (Koran 4:23).

In Anlehnung an diesen Koranvers sind Verwandtschaftsehen in den genannten Fällen verboten, nicht aber die immer noch häufig vorkommende Eheschließung zwischen Cousin und Cousine oder entfernteren Verwandten. Auch ist es dem Mann verboten, gleichzeitig mit zwei Schwestern verheiratet zu sein; lediglich nach einer Scheidung oder dem Tod seiner Ehefrau darf er deren Schwester ehelichen. Verboten ist schließlich die gleichzeitige Ehe des Mannes mit mehr als vier Frauen sowie die gleichzeitige Ehe der Frau mit mehr als einem Mann. Frauen dürfen nach dem Tode ihres Mannes vier Monate und zehn Tage nicht erneut heiraten, nach einer Scheidung drei Monate oder bei Vorliegen einer Schwangerschaft bis zur Entbindung. Ein wichtiges Prinzip für die Wahl des Ehepartners ist schließlich die Ebenbürtigkeit des Mannes bezüglich

Religion, familiärer Herkunft, Beruf, Vermögen sowie insgesamt seines sozialen Status. In manchen Ländern, darunter Ägypten, Kuwait, Jordanien, Syrien und Marokko, wird diese Ebenbürtigkeit heute als Vorbedingung für die Gültigkeit der Eheschließung angesehen, und zwar damit der Mann in der Lage ist, seiner Frau den rechtmäßigen Unterhalt gemäß ihrer Herkunft zu gewähren und damit seine dominierende Stellung in Ehe und Familie nicht ins Wanken gerät.

Die Ehe mit Andersgläubigen

Schließlich stellt sich die Frage nach der Ehe mit den Andersgläubigen. Während Eheschließungen zwischen Männern aus dem islamischen Kulturraum und nicht-muslimischen Frauen aus dem Westen immer wieder vorkommen, ist der umgekehrte Fall sehr selten. Tatsächlich ist die Zahl muslimischer Männer mit christlichen Ehefrauen zehnmal höher als umgekehrt. Der Koran erlaubt dem Mann die Ehe mit einer Christin oder Jüdin – beide Religionen haben als Inhaber einer göttlichen Offenbarungsschrift eine Sonderstellung im Islam. Hierzu heißt es: *„(Erlaubt sind) auch die unter Schutz gestellten gläubigen Frauen und die unter Schutz gestellten Frauen aus den Reihen derer, denen vor euch das Buch zugekommen ist"* (Koran 5:5) und an anderer Stelle *„Und heiratet nicht polytheistische Frauen, bis sie gläubig geworden sind"* (Koran 2:221). Unter polytheistischen Frauen werden hier alle verstanden, die sich nicht zu dem einen und einzigen Gott bekennen, seien es Buddhisten oder Hindus, Angehörige von Naturreligionen oder Menschen ohne Religionszugehörigkeit. Der Muslimin ist umgekehrt jede Ehe mit einem Nicht-Muslim verboten. Hier ist die Konversion des Mannes zum Islam die einzige Möglichkeit zu einer legitimen Eheschließung. In ihrer muslimischen Heimat würde die Ehe erst gar nicht geschlossen, und eine beispielsweise in Deutschland geschlossene Ehe würde im Geltungsbereich des islamischen Rechts nicht anerkannt. Dieser Regelung liegt die Überlegung zugrunde, daß in einer gemischt-religiösen Ehe in jedem Fall der Islam die Religion der Kinder sein und das Familienleben insgesamt bestimmen soll. Die christliche Ehefrau eines Muslims darf durchaus in die Kirche gehen, sollte aber daran gehindert werden, ihre Kinder mitzunehmen. Die Religionszugehörigkeit der Kinder richtet sich im Islam nach dem Vater, dieser muß also in jedem Fall Muslim sein. Ferner wird angezweifelt, daß eine muslimische Frau in einer Ehe mit einem Andersgläubigen die Kraft hätte, an ihrer religiösen Identität festzuhalten; bei einem Mann wird diese Selbstbehauptung nicht in Frage gestellt.

Diese Einschätzung ist nicht ganz aus der Luft gegriffen, denn die Erfahrung belegt, daß sich in gemischt-religiösen Ehen in aller Regel die Frauen anpassen. In jedem Fall können christlich-muslimische Eheleute sich im Geltungsbereich des islamischen Rechts nicht gegenseitig beerben. Wenngleich die Eheschließung des Muslims mit einer Christin oder Jüdin also an sich erlaubt ist, wird diese heute von vielen Religionsgelehrten sehr kritisch gesehen. Es bestünde nämlich, so heißt es, die Gefahr, daß der Mann in einer solchen Ehe die ihm vom Islam zuerkannte Vormachtstellung aufgebe und seine Frau zu viel Einfluß auf die Gestaltung des Familienlebens und der Kindererziehung ausübe. Scharf abgelehnt werden die Heirat mit Ausländerinnen aus Prestigegründen oder finanziellen Erwägungen sowie die Vergabe nicht-muslimischer Vornamen an die gemeinsamen Kinder. Schließlich darf keinesfalls die Situation entstehen, daß muslimische Mädchen nicht zum Heiraten kommen, weil die potentiellen Kandidaten die Heirat von Ausländerinnen vorziehen.

Allgemein rufen die Religionsgelehrten heute dazu auf,

sich bei der Wahl des Ehepartners von der Empfehlung des Propheten leiten zu lassen: *„Vier Gründe gibt es für die Heirat einer Frau: Schönheit, Reichtum, vornehme Herkunft und Frömmigkeit. Heiratet die Fromme, auf daß ihr glücklich werdet."*

c) Ehevertrag, Brautpreis, Zeremonien

Die islamische Ehe kommt zustande durch den Abschluß eines zivilrechtlichen Vertrages zwischen Bräutigam und Braut. Diesem Vertrag kann eine Verlobung im Sinne eines Eheversprechens vorausgehen, die in der islamischen Welt allgemein üblich ist, aber keinen rechtsverbindlichen Charakter hat und jederzeit von beiden Seiten gelöst werden kann. Bei der Eheschließung wird die jungfräuliche Braut in der Regel durch einen Vormund vertreten, der ihr Vater oder Großvater, ein anderer männlicher Angehöriger oder eine Person des öffentlichen Lebens wie ein Richter sein kann, niemals aber eine Frau. Die Begründung dafür ist, daß der Koran der Zeugenaussage einer Frau nur halb so viel Gewicht beimißt wie der eines Mannes. Daher, so die Schlußfolgerung, sei die Frau offensichtlich sehr leicht beeinflußbar, emotional und der Eheschließung ohne männlichen Beistand nicht gewachsen. Umstritten ist, ob auch die geschiedene Frau und die Witwe bei der Wiederheirat einen gesetzlichen Vertreter haben müssen. Der Bräutigam braucht einen solchen Vertreter nur bei Minderjährigkeit.

Gültig ist die Ehe, wenn beide Vertragspartner oder ihre gesetzlichen Vertreter den Willen zur Heirat vor einem religiösen Würdenträger bekundet haben, und zwar in Anwesenheit von zwei männlichen oder von einem männlichen und zwei weiblichen Zeugen. Ein amtlicher Vertreter der jeweiligen Regierung muß nicht zugegen sein, auch wenn dies häufig der Fall ist. Der Ehevertrag kann, um gültig zu sein, sehr kurz ausfallen und enthält möglicherweise nur wenige persönliche Daten der Brautleute, das beiderseitige Einverständnis zur Eheschließung und die Höhe des Brautpreises, den der Bräutigam seiner Frau auszuhändigen hat. Vielerorts werden aber auch die allgemeinen Pflichten und Rechte der Eheleute nach dem Islam in den Vertrag aufgenommen, so das Recht des Mannes auf mehrere Frauen und unbegründete Scheidung, oder das Recht der Frau, für die Dauer der Ehe versorgt zu werden und frei über ihr persönliches Vermögen zu verfügen. Darüber hinaus ist es den Frauen heute in vielen Ländern möglich, Bedingungen in den Ehevertrag aufzunehmen und so ihre an sich untergeordnete Stellung zu verbessern. Zu den häufigsten Vorbehalten gehören der Verzicht auf eine weitere Heirat des Mannes oder das Recht der Frau, ein Studium zu beenden oder außer Haus berufstätig zu sein. Ferner gibt es gruppen- und regionalspezifische Bedingungen. So behalten sich ausländische Ehefrauen häufig das Recht vor, in der ehelichen Wohnung über längere Zeit Familienbesuch empfangen und ohne Genehmigung ihres Ehemannes das Land verlassen zu können. In Ländern, aus denen traditionell viele Männer als Gastarbeiter in die Golfregion gehen, können die Frauen vertraglich regeln, im selben Land zu leben wie ihr Mann. In jedem Fall kann die Frau bei Nichteinhalten dieser Bedingungen die Scheidung verlangen, ein Privileg, von dem zweifellos nur die oberen sozialen Schichten profitieren. Unzulässig sind Zusätze, die der Grundauffassung der islamischen Ehe widersprechen. So kann weder ein Verzicht auf Kinder vereinbart werden, noch wäre es einer christlichen Frau möglich, vertraglich die Erziehung der gemeinsamen Kinder im christlichen Glauben einzufordern.

Der Abschluß des Ehevertrages ist das eigentlich islamische Element der Eheschließung und ausschlaggebend für das Gefühl eines Muslims, verheiratet zu sein. Dies ist nicht ganz unwichtig, weil so staatliche Regelungen eines Mindestheiratsalters oder zur Beschränkung der Polygamie umgangen werden können. In den meisten Ländern gibt es keine staatliche Form der Eheschließung, statt dessen wird die islamische Heirat staatlich registriert. In der Türkei wurde 1926 die Zivilehe eingeführt, die bis heute offiziell Pflicht ist. Dennoch beschränken sich etwa 15 bis 20 Prozent aller Paare, vor allem auf dem Land, auf die religiöse Eheschließung und gelten offiziell als unverheiratet. Die türkische Regierung sieht sich von Zeit zu Zeit genötigt, Gesetze zur Anerkennung dieser Ehen und der daraus entstandenen Kinder zu erlassen; Zweitehen sind davon allerdings ausgeschlossen. Umgekehrt kann aus islamischer Sicht eine staatliche Eheschließung die religiöse Eheschließung nicht ersetzen. Nach Abschluß des Vertrages spricht der Imam, der der Feier vorsteht, Segensgebete, und die Anwesenden beten die erste Koransure.

Die Zeitehe

Die Ehe ist auf Dauer angelegt und sollte im Idealfall ein Leben lang halten, allerdings kann der Ehevertrag durch Scheidung gelöst werden. Im schiitischen Islam gibt es den Sonderfall der sogenannten Zeitehe, auch Genußehe genannt, deren Dauer von vornherein im Ehevertrag festgelegt wird und zwischen einem Tag oder gar wenigen Stunden und etlichen Jahren betragen kann. Die Frau erhält einen Brautpreis als Entschädigung; weitergehende Unterhaltsansprüche ihrerseits sowie gegenseitige erbrechtliche Ansprüche der Ehepartner bedürfen einer ausdrücklichen vertraglichen Vereinbarung. Mit Ablauf der Frist endet die Ehe automatisch, eine vorzeitige Scheidung gibt es nicht. In einer Zeitehe ist der grundsätzliche Verzicht auf die Zeugung von Nachkommen erlaubt; gehen dennoch Kinder daraus hervor, so gelten sie als legitim und haben insbesondere bezüglich des Erbrechts dieselben Ansprüche wie Kinder aus anderen Ehen. Nach Ablauf der Ehe bleiben sie allerdings in der Regel bei der Mutter. In überwiegend schiitischen Regionen wie im Iran wird die Zeitehe bis heute praktiziert, insbesondere auf Reisen oder bei längerer Abwesenheit von zu Hause. Die Sunniten sehen die Zeitehe als eine legalisierte Form der Prostitution an; sie ist einer der größten Streitpunkte im Dialog zwischen den beiden großen islamischen Konfessionen.

Der Brautpreis

Bestandteil eines jeden Ehevertrages ist die Zahlung der Morgengabe, auch Brautpreis genannt. Muslime wehren sich häufig gegen den Begriff Brautpreis, der suggerieren könnte, es handele sich um einen Kaufpreis, den der Mann für seine Braut zu entrichten hätte. Nach dem islamischen Recht dient die Morgengabe aber dem Schutz und der Absicherung der Frau im Falle von Scheidung oder Witwenschaft und ist ihr selbst und niemand anders zu übergeben. In manchen Ländern verbietet das Familienrecht dem Vater oder gesetzlichen Vertreter der Braut ausdrücklich, irgendeine Gegenleistung für die Eheschließung anzunehmen. Üblich ist die Zahlung der Hälfte des Brautgeldes vor dem Vollzug der Ehe, den der Mann erst dann verlangen darf. Die andere Hälfte wird zu einem späteren Zeitpunkt fällig, meist beim Tode des Ehemannes oder bei einer Scheidung. Diese Regelung soll die Frau vor einer unüberlegten Verstoßung schützen.

Die Morgengabe kann in Geld oder Wertgegenständen wie Vieh, Immobilien, Schmuck und dergleichen entrichtet werden. Ihre Höhe ist abhängig von der sozialen Stellung der Braut, ihren persönlichen Vorzügen wie Schönheit, Jugend und Jungfräulichkeit, und regional sehr unterschiedlich. Die verschiedenen islamischen Rechtsschulen haben Mindestgrenzen festgelegt, die etwa bei 30 Gramm Silber liegen; die Morgengabe kann bescheiden ausfallen, sollte aber nicht gänzlich unbedeutend sein. Eine allgemein verbindliche Obergrenze gibt es nicht. In Ägypten beispielsweise geht man in gebildeten und etwas wohlhabenderen Familien von einem Gegenwert von 800 bis 4000 Mark aus, in ärmeren Schichten sind es 200 bis 800 Mark. Abweichungen gibt es nach oben und unten. Oft muß die ganze Familie für die Morgengabe aufkommen und sich auf unabsehbare Zeit verschulden. Bei immer schlechter werdenden wirtschaftlichen Rahmenbedingungen und Monatsgehältern von teilweise weit unter 100 Mark wird die Morgengabe für viele Männer zu einem ernsthaften Ehehindernis. Dies gilt auch in reichen Ländern wie Saudi-Arabien, in denen das ortsübliche Brautgeld durch den allgemeinen Wohlstand enorm gestiegen ist. Viele Brautväter, die mit ihren potentiellen Schwiegersöhnen oder deren Vätern über die Morgengabe verhandeln, verlangen horrende Summen, denn die Scheidungsraten sind hoch, und bei mangelnder Absicherung müßten sie wieder für die Tochter sorgen. So belaufen sich zwischenzeitlich in Saudi-Arabien die Kosten für Morgengabe und Hochzeitsfeierlichkeiten auf ein durchschnittliches Jahresgehalt.

Die islamischen Gelehrten plädieren heute einhellig für Mäßigung und weisen auf die eigentlichen Ziele der islamischen Ehe hin. Mancherorts haben sie Sozialfonds eingerichtet, aus denen bedürftige heiratswillige junge Männer einen Zuschuß erhalten können.

Heiratsrituale

Die Hochzeitsfeierlichkeiten schließlich tragen kaum genuin islamische Züge. Sie sind von Region zu Region sehr unterschiedlich und gleichen in Ländern mit gemischt-religiöser Bevölkerung häufig den Zeremonien der anderen Religionsgemeinschaften. Im Sinne des islamischen Rechts wird ein Festmahl empfohlen, bei dem aber natürlich weder Alkohol noch verbotene Speisen gereicht werden dürfen. Es gilt als verdienstvoll, hierzu auch Arme einzuladen. Anstößiger Luxus wie das Trinken aus goldenen oder silbernen Gefäßen soll vermieden werden. Umstritten ist auch Musik, und schließlich sollte wie üblich nach Geschlechtern getrennt gefeiert werden. Im allgemeinen feiern die Bauern und Beduinen eher schlicht, während in der Stadt im Rahmen der finanziellen Möglichkeiten und nicht selten über diese hinaus bis zu sieben Tage lang gefeiert wird. Zentrale Ereignisse sind dabei das Vorbereiten und Schmücken der Braut, der Brautzug zum Hause des Mannes und ein Festmahl, möglicherweise mit Musik und Tanz. Mancherorts ist es üblich, der Öffentlichkeit nach der Hochzeitsnacht blutbefleckte Laken als Nachweis der Jungfräulichkeit zu zeigen, eine Sitte, die in den Quellen des Islams nicht erwähnt wird und ignoriert, daß das Gebot vorehelicher Keuschheit für Männer und Frauen gleichermaßen gilt.

2. Die Männer stehen über den Frauen: Ehe und Familiengründung

a) Rechte und Pflichten der Ehepartner

„Und es gehört zu seinen Zeichen, daß Er euch aus euch selbst Gattinnen erschaffen hat, damit ihr bei ihnen wohnet. Und Er hat Liebe und Barmherzigkeit zwischen euch gemacht. Darin sind Zeichen für Leute, die nachdenken" *(Koran 30:21). Ehe und Familie sollen dem Menschen Heimat geben, einen Raum der Geborgenheit, des Verständnisses und der Entfaltung nach den Grundsätzen des Islams. So soll die eheliche Gemeinschaft von Mann und Frau geprägt sein von gegenseitiger Rücksichtnahme, von Liebe und dem gemeinsamen Streben nach einem Leben im Sinne des Islams.*

Die Verschiedenartigkeit von Mann und Frau

Zunächst ist die Ehe eine Vertragsgemeinschaft, in der beide Parteien klare Rechte und Pflichten haben, die sie mit dem Abschluß eines islamischen Ehevertrages akzeptieren. Diese entsprechen weitgehend den traditionellen Rollenmustern und werden mit der Auffassung begründet, daß Gott Mann und Frau unterschiedlich erschaffen und gemeint habe. So sollen ihre jeweiligen Rechte und Pflichten nach dem Islam ihren gottgegebenen natürlichen Anlagen entsprechen und diesen zur bestmöglichen Entfaltung verhelfen. Wie in allen patriarchalischen Gesellschaften, so gilt auch im Islam der Mann als das Haupt der ehelichen Gemeinschaft und der Familie. Hierzu heißt es im Koran: *„Die Männer haben Vollmacht und Verantwortung gegenüber den Frauen, weil Gott die einen vor den anderen bevorzugt hat und weil sie von ihrem Vermögen (für die Frauen) ausgeben. Die rechtschaffenen Frauen sind demütig ergeben und bewahren das, was geheimgehalten werden soll, da Gott es geheimhält. Ermahnt diejenigen, von denen ihr Widerspenstigkeit befürchtet, und entfernt euch von ihnen in den Schlafgemächern und schlagt sie. Wenn sie euch gehorchen, dann wendet nichts Weiteres gegen sie an. Gott ist erhaben und groß"* (Koran 4:34).

Über die Auslegung dieses Koranverses, dessen Beginn häufig auch mit *„die Männer stehen über den Frauen"* übersetzt wird, gibt es eine Fülle von Schriften, die ein breites Spektrum von Interpretationen anbieten von der radikalen Unterordnung der Frau unter den Mann über die Erfüllung ihrer Rolle innerhalb des Hauses bis zur weitgehenden Gleichberechtigung mit dem Mann im Rahmen des Islams. Dabei gibt es einen sehr breiten Konsens dafür, daß hier eine natürliche und unumstößliche Hierarchie zwischen den Geschlechtern festgelegt sei, die innerhalb der Familie, aber auch darüber hinaus gelte. Jede noch so kleine Gesellschaft braucht, so die Vorstellung, einen Führer, der im Zweifel die Richtung bestimmt und aufkommendes Chaos unterbindet. Daß diese Führerschaft immer in männlicher Hand liegen muß, wird nicht in Frage gestellt und auf vermeintlich weibliche Eigenarten wie Emotionalität, Subjektivität, leichte Erregbarkeit und dergleichen zurückgeführt.

Unterhalt und Vermögensverwaltung

Zu den Pflichten des Mannes gehört es nach dem genannten Koranvers, seine Frau mit allem Notwendigen an Nahrung, Kleidung, Wohnung und medizinischer Versorgung zu bedenken, und zwar im Rahmen seiner finanziellen Möglichkeiten, die nach dem bereits angesprochenen Ideal der Ebenbürtigkeit des Mannes mit seiner Ehefrau auch dem Lebensstandard entsprechen sollten, den die Frau von Haus aus gewohnt ist. Ist sie von vornehmer Herkunft, hat sie also beispielsweise Anspruch auf eine Hausangestellte. Unzufriedenheit scheint vorprogrammiert, wenn eine Frau aus gutsituiertem Elternhaus sich plötzlich stark einschränken muß, und einem wohlhabenden Mann ist es nicht erlaubt, seiner Frau gegenüber allzu sehr zu geizen. Umgekehrt soll die Frau nicht mehr verlangen, als vernünftig und möglich ist, um dem Mann nicht das Gefühl zu geben, seinen ehelichen Pflichten nicht gewachsen zu sein und sein Ehrgefühl nicht zu verletzen. Die Unterhaltspflicht des Mannes gilt unabhängig von dem Vermögen seiner Frau und erstreckt sich auch auf die gemeinsamen Kinder, wenngleich aufgrund der wirtschaftlichen Situation islamischer Länder heute oft auch ein Beitrag der Ehefrau zum Lebensunterhalt der Familie erbracht werden muß und vom Islam in diesem Fall gebilligt wird. Die Frau kann allerdings nicht verpflichtet werden, zum Lebensunterhalt beizutragen, sondern darf über ihr Vermögen frei verfügen. Dies gilt sowohl für den Brautpreis als auch für ein eventuelles Erbe, das halb so groß ist wie das eines Mannes desselben Verwandtschaftsgrades, und für jede andere Vermögensart. Eine Gütergemeinschaft ist im islamischen Eherecht nicht vorgesehen. Es nimmt nicht wunder, daß also der Ehemann das Recht und die Pflicht hat, berufstätig zu sein, um den Lebensunterhalt der Familie zu decken, während er von seiner Frau die Versorgung von Haushalt und Kindern verlangen kann. Grundsätzlich hat auch sie das Recht zur Berufstätigkeit, allerdings kann ihr das von ihrem Mann verwehrt werden, denn er ist für die Moral seiner Frau verantwortlich und darf entscheiden, ob und zu welchem Zwecke sie das Haus verläßt. Mit gewissen Einschränkungen tendieren konservative Kreise im Hinblick auf das familiäre Gefüge durchweg zu einer eher kritischen Sicht der Erwerbstätigkeit von Frauen. Diese fördere nämlich den Umgang mit Männern und führe schließlich dazu, daß die Frau ihre wesentlichen Aufgaben vernachlässige und die Autorität ihres Mannes in Frage stelle, die der Koran ja hauptsächlich mit dessen finanzieller Sorge für die Frau begründet.

Autorität und Gehorsam

Der Mann hat prinzipiell das Recht auf den Gehorsam seiner Frau, es sei denn, er fordert sie zum Ungehorsam gegen Gott auf. So darf er sie freilich nicht zum Alkoholtrinken bewegen oder zu unislamischer Kleidung in der Öffentlichkeit, kann aber ansonsten verlangen, daß sie seinen Weisungen Folge leistet und nicht ohne seine Erlaubnis das Haus verläßt. In vielen islamischen Ländern gilt bis heute die Regel, daß Männer die Anwesenheit ihrer Frau im Hause notfalls mit Polizeigewalt erzwingen können und daß Frauen ohne schriftliche Einwilligung ihres Mannes keine Ausreisegenehmigung erhalten. Der Mann darf dem Gehorsam seiner Frau nachhelfen, und zwar mit Mitteln, die der Koran genau vorgesehen hat. So soll er sie zunächst ermahnen, dann im Ehebett meiden und schließlich – maßvoll – schlagen. Von Muslimen wird gerne darauf verwiesen, daß es sich hier um eine Maßregelung des Mannes handelt, der nicht in blinder Wut überreagieren, sondern besonnen handeln soll. Tatsächlich empfehlen die großen Korankommentare durchweg, nur dann zu schlagen, wenn es keine andere Lösung gibt, und dies in jedem Fall maßvoll zu tun.

Aufgrund der herausragenden Bedeutung, die der sexuellen Befriedigung für die Aufrechterhaltung der islamischen Ordnung beigemessen wird, sollen Mann und Frau einander zur Verfügung stehen und sich nicht grundlos entziehen.

Zu den Rechten des Mannes zählt ferner, daß seine Frau ihm treu ist, sorgsam mit seinem Vermögen und seinem Ruf umgeht und seine Eltern achtet. In dem Bestreben, die positiven Aspekte des Islams für die Frau herauszustellen, werden ihren bereits genannten Rechten auf Unterhalt, freie Verfügung über ihr Vermögen und sexuelle Befriedigung häufig zahlreiche weitere Rechte hinzugefügt. So soll ihr Mann sie liebevoll behandeln, trösten und erheitern und möglichst viel Zeit mit ihr verbringen, anstatt abends grundlos und stundenlang außer Haus zu sein. Er soll Rücksicht auf ihre Gefühle nehmen, sie belehren, wo es not tut, und ihren islamischen Lebenswandel sorgsam und eifersüchtig überwachen.

All diese Rechte kann die Frau, zumal wenn sie wenig begütert oder gebildet ist, kaum einklagen. Oft bleibt es der Willkür des Mannes überlassen, ob er seinen Pflichten, die der Islam ihm auferlegt, nachkommt. Die Auflösung der Ehe kann die Frau nur in wenigen Fällen und unter großen Schwierigkeiten erwirken.

b) Die polygame Ehe

„Und wenn ihr fürchtet, gegenüber den Waisen nicht gerecht zu sein, dann heiratet, was euch an Frauen beliebt, zwei, drei oder vier. Wenn ihr aber fürchtet, (sie) nicht gleich zu behandeln, dann nur eine, oder was eure rechte Hand (an Sklavinnen) besitzt. Das bewirkt es eher, daß

ihr euch vor Ungerechtigkeit bewahrt" *(Koran 4:3).* Dieser Koranvers wurde vermutlich im Jahre 625 nach der Schlacht von Uhud offenbart, bei der die Muslime schwere Verluste hinnehmen mußten und viele Frauen als Witwen und Waisen ohne männliche Versorger zurückblieben. In den zahlreichen Schriften muslimischer Autoren zur Verteidigung der Polygamie wird stets betont, daß sie vor allem eine Versorgungsinstitution sei. Dabei wird davon ausgegangen, daß Frauen schlecht in der Lage sind, für sich selbst zu sorgen und zudem nicht durch eine demographische Schieflage zum Verzicht auf eine Heirat gezwungen werden sollen.

Der Prophet Mohammed schloß nach dem Tod seiner ersten und bis dahin einzigen Ehefrau Khadija im Jahre 619 elf weitere Ehen und soll zeitweilig mit neun Frauen gleichzeitig verheiratet gewesen sein. Eine eigene Offenbarung gestattete ihm, die Höchstzahl von vier zu überschreiten. Zwar sollen seine Ehen vornehmlich der Versorgung von Witwen und Waisen und der Herstellung politischer Verbindungen gedient haben, doch beflügelte ihn darüber hinaus wohl eine besondere Liebe zu den Frauen. Als vorbildlich wird jedenfalls in einem Teil der Berichte über das Leben des Propheten herausgestellt, daß er jeder Ehefrau eine eigene Behausung zur Verfügung stellte und reihum die Nächte mit ihnen verbrachte. Nach abweichenden Darstellungen bedachte er nur einen Teil seiner Frauen mit sexueller Zuwendung und ließ eine der älteren Frauen ihre ehelichen Rechte an eine der jüngeren abtreten.

Das islamische Recht erlaubt aufgrund des zitierten Koranverses dem Mann die gleichzeitige Ehe mit bis zu vier Frauen, die er aber gerecht und gleich behandeln soll. Es ist schwierig, darüber zu befinden, worin diese Gerechtigkeit und Gleichbehandlung bestehen sollen und ob sie überhaupt möglich sind. In jedem Fall gelten die bereits ausgeführten Rechte der Ehefrau in einer polygamen Ehe für alle Frauen. Der Mann ist angehalten, sie sexuell mit derselben Aufmerksamkeit zu bedenken und gleich gut zu versorgen, und zwar jede in einer eigenen Wohnung, zumindest aber in klar voneinander getrennten Wohnbereichen.

Der Koran selbst bezeichnet diese gerechte Behandlung mehrerer Ehefrauen als unmöglich. So heißt es: *„Und ihr werdet es nicht schaffen, die Frauen gleich zu behandeln, ihr mögt euch noch so sehr darum bemühen. Aber wendet euch nicht (von der einen) gänzlich ab, so daß ihr sie in der Schwebe laßt. Und wenn ihr nach Aussöhnung strebt und Gott fürchtet, so ist Gott voller Vergebung und barmherzig"* (Koran 4:129). Zu Beginn des 20. Jahrhunderts lasen eine Reihe von Reformtheologen des Islams aus diesem Vers ein indirektes Verbot der Polygamie heraus, da die gerechte Behandlung, die der Islam fordere, gar nicht möglich sei. Mit demselben Ziel verweisen sie auf die Tatsache, daß das koranische Erbrecht nur einen Gattinnenteil vorsieht; dies sei ein Hinweis auf die Monogamie als Normalfall. Ihre Bestrebungen, die Polygamie im Namen des Islams bis auf wenige Ausnahmefälle zu verbieten, konnten sich allerdings nicht durchsetzen. Bis heute werden verschiedene Argumente zur Aufrechterhaltung dieser Institution vorgebracht. Dazu zählt an erster Stelle die Notwendigkeit zur Eheschließung, die gleichermaßen als Recht und Pflicht angesehen werden kann. In Zeiten des Männermangels könne nur eine polygame Gesellschaft allen Frauen Versorgung und sexuelle Befriedigung innerhalb der Ehe verschaffen und so unterbinden, daß die Frauen unzufrieden werden und die islamische Ordnung gefährden. Hier und da wird diese Lösungsmöglichkeit auch nicht-islamischen Gesellschaften in vergleichbaren Situationen vorgeschlagen. So hätte es beispielsweise hierzulande nach dem Zweiten Weltkrieg kein Problem damit gegeben, daß sehr vielen Frauen im heiratsfähigen Alter vergleichsweise wenige Männer gegenüberstanden. Daß viele dieser in der Konsequenz ledig gebliebenen Frauen vielleicht gar nicht unglücklich damit sind, diese Lebensform sogar frei gewählt haben, daß sie vor allem aber weder sich in die Prostitution noch die Gesellschaft ins Chaos gestürzt haben, ist dem traditionellen islamischen Denken einigermaßen fremd.

In Friedenszeiten reicht diese Argumentation nicht aus, und es wird deutlich, daß weitere Überlegungen die Gelehrten bewegen, an der Polygamie festzuhalten. Ginge es nur darum, erzwungene Ehelosigkeit zu unterbinden, so müßte ja auch der theoretisch immerhin denkbare Fall des Männerüberschusses in einer Gesellschaft vorgesehen sein und analog gelöst werden. Davon kann wohl keine Rede sein. So gilt die Mehrehe auch als ein von Gott gegebenes Recht des Mannes, das Menschen ihm nicht nehmen können. Sie soll die erste Frau vor Scheidung schützen und bewahrt allzu temperamentvolle Männer während der Zeit der rituellen Unreinheit, in der keine sexuellen Kontakte erlaubt sind, vor Versuchung.

Polygamie heute

Drei Jahre nach seiner Heirat mit der hübschen Khadija wurde Rashid langsam nervös. Die beiden hatten sich vor der Heirat nur einmal gesehen, aber es war eine richtige Liebesehe daraus geworden. Sie verstanden sich sehr gut, aber es stellte sich einfach kein Nachwuchs ein, und die Angst, kinderlos zu bleiben, zermürbte sie allmählich. Ein Leben ohne Nachkommen konnten sich die beiden kaum denken. Wie sollte es weitergehen, wenn sie älter wurden und Hilfe und Unterstützung bräuchten? Wie würden sie in Zukunft dastehen, wenn sie keine Kinder hätten? Die Eltern fingen an zu drängen, Nachbarn und

Freunde wurden ungeduldig und zeigten Mitleid, ja man-
che spotteten auch ein wenig. Schließlich ließ Khadija
sich ärztlich beraten und erfuhr, daß die Ursache bei ihr
lag und nicht zu beheben war. Sie war verzweifelt, über-
legte hin und her und schlug Rashid schließlich die Schei-
dung vor, damit er nicht länger unter diesem Zustand lei-
den mußte. Für ihn kam das überhaupt nicht in Frage. So
wenig, wie er die Kinderlosigkeit hinnehmen konnte, so
wenig wollte er Khadija verlieren und einer ungewissen
Zukunft überlassen. Schließlich verständigten sich beide
auf eine andere Lösung. Es war ein schwerer Tag für Kha-
dija, als Rashid seine zweite Frau heiratete, aber sie
wußte, daß es für alle das beste war.

Innerhalb des islamischen Kulturraumes haben nur die
Türkei und Tunesien 1926 beziehungsweise 1956 die
Zweitehe verboten. Nicht immer läßt sich dieses Verbot
entgegen dem Rechtsempfinden der traditionellen Bevölkerung durchsetzen, und es kommt immer wieder zu
staatlich nicht registrierten Eheschließungen vor dem
Imam. Während die Türkei von Zeit zu Zeit Gesetze zur
Anerkennung dieser Ehen und den daraus hervorgegange-
nen Kindern erließ, stellte Tunesien die Zweitehe 1964
unter Strafe. In den anderen Ländern mit mehrheitlich
muslimischer Bevölkerung bleibt die polygame Ehe erlaubt, wenngleich mit gewissen Modifikationen, die von
Land zu Land geringe Unterschiede aufweisen. Tendenzi-
ell gilt die Verpflichtung des Mannes, seine Frau über eine
beabsichtigte weitere Eheschließung sowie die zweite
Frau über eine bereits existierende Ehe zu informieren.
Die zweite Eheschließung bedarf häufig einer Genehmigung des zuständigen Richters, der vor allem die finanziellen Möglichkeiten des Mannes zur Versorgung einer zweiten Frau und ihrer Kinder überprüfen wird und die Genehmigung gegebenenfalls verweigern kann. Schließlich hat

die Frau in den meisten Ländern die Möglichkeit, den Verzicht auf eine weitere Heirat als Bedingung in den Ehevertrag aufzunehmen und bei Zuwiderhandeln die Scheidung zu verlangen, ein Recht, von dem in den oberen Schichten der Gesellschaft auch Gebrauch gemacht wird.

Wenngleich also die Polygamie de jure eine weitgehend unangetastete Institution der islamischen Gesellschaft bleibt, so ist sie doch de facto eher zu einer Seltenheit geworden. Die immer noch virulenten Haremsphantasien westlicher Zeitgenossen von den Muslimen, die alle vier Frauen haben, sind sicher weit von der Realität entfernt und werden schon durch einen nüchternen Blick auf die Bevölkerungsstatistik zunichte gemacht. In einer Gesellschaft mit relativ ausgewogener männlicher und weiblicher Bevölkerung, wie sie in Friedenszeiten überall auf der Welt gegeben ist, kann die polygame Ehe nicht der Regelfall sein. Hinzu kommt die wirtschaftliche Situation der großen Mehrheit der Muslime: Kaum ein Mann kann sich die gleichzeitige Versorgung von mehr als einer Ehefrau und den entsprechend zahlreichen Kindern leisten. So liegt bei den Eheschließungen insgesamt die Rate der Zweitehen heute deutlich unter fünf Prozent, die der Dritt- und Viertehen unter einem Prozent. Der häufigste Grund für das Eingehen einer Zweitehe ist die Kinderlosigkeit der ersten Frau; wenige sehr Reiche mögen die Mehrehe auch als einen Luxus ansehen, den man sich leistet, wenn man es kann, eine Haltung, die nicht gerade islamischer Ethik entspringt.

c) Sexualität und Familienplanung

„Und sie fragen dich nach der Menstruation. Sprich: Sie ist ein Leiden. So haltet euch von den Frauen während der Menstruation fern und nähert euch ihnen nicht, bis

42

sie wieder rein sind. Wenn sie sich nun gereinigt haben, dann geht zu ihnen, wie Gott es euch befohlen hat. Gott liebt die Bußfertigen, und Er liebt die, die sich reinigen. Eure Frauen sind für euch ein Saatfeld. Geht zu eurem Saatfeld, wo immer ihr wollt. Und schickt für euch (etwas Gutes) voraus. Und fürchtet Gott und wißt, daß ihr Ihm begegnen werdet. Und verkünde den Gläubigen frohe Botschaft" (Koran 2:222,223).

Sexualethik

Die zitierten Koranverse sowie ihre Auslegung durch die großen Gelehrten des Islams treffen einige wichtige Grundaussagen über die Sexualethik. Die Sexualität des Menschen ist eine gute Gabe Gottes, sofern sie im legitimen Rahmen der Ehe gelebt wird. Dort gehört sie hin, und zwar unverzichtbar, so daß es der Frau verboten ist, sich ihrem Mann zu verweigern, und sie ihrerseits ein Recht auf sexuelle Befriedigung hat. Die vor dem Islam offenbar üblichen Formen der Enthaltsamkeit innerhalb der Ehe wurden von der neuen Religion verboten. So erwähnt und verbietet der Koran die Sitte, daß der Mann einen Schwur leistet, sich von seiner Frau fernzuhalten, und verpflichtet ihn, einen solchen an sich schon sündhaften Eid nach maximal vier Monaten zu brechen oder seine Frau aus der Ehe zu entlassen, damit sie frei wird für eine neue Bindung. Dem Mann wird empfohlen, den Geschlechtsakt zärtlich einzuleiten und im Moment des Orgasmus den Namen Gottes anzurufen. Im Rahmen der Ehe sind verschiedene Formen der Sexualität erlaubt, nicht aber der Analverkehr. Verschiedene Perioden der Enthaltsamkeit sind allerdings einzuhalten. So fällt der Geschlechtsverkehr unter die koranischen Verbote für die helle Tageszeit des Fastenmonats Ramadan. Auf der Pilgerfahrt nach Mekka begeben sich die Gläubigen für mehrere Tage in ei-

nen Weihezustand, der geschlechtliche Beziehungen aus-
schließt. Schließlich sind der Frau sexuelle Kontakte
während der Menstruation sowie vierzig Tage nach der
Geburt eines Kindes untersagt, da sie in dieser Zeit als rituell unrein gilt. Der alltägliche eheliche Umgang auch
mit Berührungen bleibt von diesem Verbot – anders als
beispielsweise im Judentum – unberührt. Am Ende dieser
Perioden muß sie eine Ganzkörperwaschung zur Wieder-
herstellung der rituellen Reinheit vornehmen. Nach jedem Geschlechtsverkehr sind beide Partner dazu verpflichtet; erst dann dürfen sie wieder religiöse Pflichten
wie das Gebet verrichten.

Das sexuelle Begehren des Menschen gilt als sehr groß
und muß daher streng reglementiert werden, wenn es
nicht zu einer Gefahr für die islamische Ordnung werden
soll. So gilt bei aller positiven Bewertung der ehelichen Sexualität die außereheliche Sexualität, sei sie nun homose-
xuell oder heterosexuell, als große Sünde. Der Koran sieht
für Mann und Frau 100 Peitschenhiebe als Strafe für Unzucht vor. „Wenn eine Frau und ein Mann Unzucht begehen, dann geißelt jeden von ihnen mit hundert Hieben.
Habt kein Mitleid mit ihnen angesichts (der Rechtsbe-
stimmungen) der Religion Gottes, so ihr an Gott und den
Jüngsten Tag glaubt. Und bei der Vollstreckung der Pein
an ihnen soll eine Gruppe von den Gläubigen zugegen
sein" (Koran 24:2). Während das islamische Strafrecht üb-
licherweise zwei männliche oder einen männlichen und
zwei weibliche Zeugen verlangt, kann allerdings Unzucht
nur bestraft werden, wenn sie von vier Zeugen beobachtet
wurde, eine Situation, die in der Realität wohl eher nicht
gegeben ist. Diese Regelung soll allzu große Härten vermeiden und vor allem die Frauen vor Unterstellungen ei-
fersüchtiger Ehemänner bewahren. So wird auch die un-
richtige Bezichtigung des Ehebruchs hart bestraft. „Diejenigen, die den unter Schutz gestellten Frauen Untreue

*vorwerfen und hierauf nicht vier Zeugen beibringen, die
sollt ihr mit achtzig Hieben geißeln" (Koran 24:4)*. In einigen islamischen Ländern wie Iran, Pakistan oder Saudi-
Arabien kommt es bis heute zu öffentlichen Körperstrafen
aufgrund von Unzucht.

Fruchtbarkeit und Empfängnisverhütung

Erotik, Sexualität und sinnliche Genüsse spielen eine herausragende Rolle bei der Schilderung des Paradieses. Die
Sexualität als Geschenk Gottes und Ausdruck der Lebens-
freude darf auch ohne unmittelbare Zeugungsabsicht
praktiziert werden, allerdings nicht durchgängig, da die
Fortpflanzung eines der Hauptziele einer islamischen Ehe
ist. Der Koran macht keine direkten Aussagen über die
Zulässigkeit von Familienplanung, sieht aber eine zwei-
jährige Stillzeit vor, während der die Wahrscheinlichkeit
einer neuen Schwangerschaft gering ist. Außerdem hat der
Prophet den Schwangeren das Stillen verboten, worin ein
Hinweis gesehen wird, daß zwischen den einzelnen Kindern durchaus ein gewisser Abstand gehalten werden darf.
Einer Überlieferung zufolge soll der Prophet den Gläubigen den coitus interruptus erlaubt haben, sofern die
Frauen damit einverstanden sind. Die überwältigende
Mehrheit der islamischen Gelehrten sieht hierin die
grundsätzliche Erlaubnis von Familienplanung, wenn
beide Partner damit einverstanden sind, und zwar auch
mit Mitteln, die zur Zeit des Propheten noch nicht bekannt waren. Natürliche Familienplanung wird ebenso
akzeptiert wie lokal verwendete chemische und mechani-
sche Mittel sowie die Pille. Die Spirale ist hingegen sehr
umstritten, da sie erst nach stattgefundener Befruchtung
die weitere Entwicklung unterbindet. Irreversible Methoden wie die Sterilisation dürfen nur bei schwerwiegender
medizinischer Indikation vorgenommen werden, da dies

einen Eingriff in den von Gott geschaffenen Körper des Menschen und seine Bestimmung bedeutet. Die Akzeptanz von Empfängnisverhütung im islamischen Denken hängt weitgehend von der zugrunde liegenden Motivation ab. So ist es zulässig, die allzu rasche Aufeinanderfolge von Schwangerschaften zu verlangsamen oder auf den gesundheitlichen Zustand der Mutter Rücksicht zu nehmen. Völlig inakzeptabel ist es hingegen, wenn die Frau aufgrund persönlicher anderer Interessen wie Berufstätigkeit oder gar aus Sorge um ihre Figur eine Schwangerschaft verhindern will. Es ist umstritten, ob die soziale und wirtschaftliche Situation der Familie zu diesen Überlegungen beitragen darf. Tief verankert ist weiterhin die Überzeugung, daß Gott für das Wohl seiner Gläubigen sorgt und es ihm zu vertrauen gilt, insofern also keine Schwangerschaft aus Angst vor Verarmung unterbunden werden sollte. Einige Gelehrte halten dem heute entgegen, daß es verantwortungsbewußter sei, die Kinderzahl so zu beschränken, daß man die einzelnen Kinder angemessen versorgen und erziehen kann. Eine Minderheit steht der Empfängnisverhütung dagegen skeptisch bis ablehnend gegenüber und hält sie nur in Notsituationen für erlaubt.

Viele Dorfgeistliche haben selbst keine fundierte theologische Ausbildung und Kenntnis des islamischen Rechts und stimmen die Bevölkerung eher skeptisch. Von den kinderreichen Eltern schließlich hört man häufig: „Was wollt ihr? Wir haben gerne Kinder. Gott hat sie uns geschenkt, und wo sieben satt werden, da werden auch acht satt. Wir haben nichts, die Kinder sind unser einziger Reichtum."

Kinderlosigkeit, künstliche Befruchtung, Adoption

Kinderlosigkeit ist bekanntlich in der islamischen Welt wie in manch anderen Regionen ein schwerer Makel und wird in aller Regel der Frau angelastet. In einer traditionell patriarchalischen Gesellschaft werden ungeliebte Wahrheiten wie die, daß die Ursache für Kinderlosigkeit ebenso gut beim Mann liegen kann wie bei der Frau, einfach nicht wahrgenommen. So kommt es häufig zur Verstoßung der kinderlosen Frau oder zur Heirat einer Zweitfrau, ohne daß der Mann auch nur auf die Idee gekommen wäre, sich selbst einmal untersuchen zu lassen.

Der hohe Stellenwert der Elternschaft bringt es mit sich, daß die muslimischen Religionsgelehrten überwiegend positiv zur künstlichen Befruchtung, namentlich der In-vitro-Fertilisation stehen und diese als einen von Gott gegebenen Weg zur Realisierung eines ansonsten unerfüllbaren Kinderwunsches ansehen. Auch in solchen Fällen wird der Koran als Hauptquelle herangezogen, und sei es mit dem Hinweis, daß dieser den Geschlechtsakt nicht als einzig zulässige Form der Zeugung bezeichne. In jedem Fall muß gewährleistet sein, daß die verwendete Eizelle und die Spermien von einem rechtmäßig verheirateten Ehepaar stammen und nach Möglichkeit von einem muslimischen Arzt zusammengeführt werden. Skeptiker setzen genau hier an und verweisen auf die Gefahr des Mißbrauchs und der Verwechslung von Sperma, was einen Verstoß gegen das Recht des Kindes auf eindeutige und legitime Abstammung bedeuten würde. Aus diesem Grunde gelten Samenbanken oder Leihmütter als völlig inakzeptabel und Inbegriffe westlicher Dekadenz. Nach der Geburt des ersten ägyptischen Retortenbabys 1987 sind in verschiedenen arabischen Ländern Zentren für künstliche Befruchtung entstanden, die natürlich in erster Linie von wohlhabenden Kreisen konsultiert werden.

Darüber hinaus bleibt Kinderlosigkeit ein Schicksal, mit dem man sich abfinden muß. Da der leiblichen Elternschaft und Abstammung so zentrale Bedeutung für die Identität des Kindes beigemessen wird, kann Elternschaft sozusagen nur auf natürlichem Wege entstehen. Adoption ist dagegen im islamischen Recht nicht vorgesehen und mit Ausnahme von Tunesien und der Türkei bis heute allgemein verboten. Elternlose Kinder werden in aller Regel in der Großfamilie aufgefangen. Mancherorts ist es auch bei entsprechendem Altersabstand möglich, für elternlose Kinder die Absicht zu erklären, ihnen wie einem eigenen Kind Unterhalt, Erziehung und Ausbildung zu gewähren. Auch kommt es vor, daß arme Eltern zahlreicher Kinder eine Tochter als Pflegekind und Haushaltshilfe zu einer bessergestellten Familie geben, damit sie dort als Gegenleistung für leichte Hausarbeit Unterhalt und Ausbildung erhält. In beiden Fällen dient diese Praxis der Absicherung des Kindes, ohne daß dadurch die rechtliche Bindung der Elternschaft begründet würde. Für die elternlosen Kinder ist in jedem Fall gesorgt, die kinderlosen Eltern aber müssen sich mit ihrer Situation abfinden.

Abtreibung

Der Koran zeigt Gott als Urheber menschlichen Lebens von Anfang an und verbietet die Vernichtung von Leben.

„Sprich: Kommt her, daß ich verlese, was euer Herr euch verboten hat: Ihr sollt Ihm nichts beigesellen, und die Eltern gut behandeln; und tötet nicht eure Kinder aus Angst vor Verarmung – euch und ihnen bescheren Wir doch den Lebensunterhalt; und nähert euch nicht den schändlichen Taten, was von ihnen offen und was verborgen ist; und tötet nicht den Menschen, den Gott für unantastbar erklärt hat, es sei denn bei vorliegender Berechtigung. Dies hat Er euch aufgetragen, auf daß ihr verständig werdet" (Koran 6:151).

Dieses allgemeine Tötungsverbot wird in aller Regel auch auf die Abtreibung bezogen. Nach einem überlieferten Prophetenwort soll die Seele dem Fötus erst drei Mal vierzig Tage nach der Empfängnis eingehaucht werden.

Ein Teil der Gelehrten hält die Abtreibung bis zu diesem Zeitpunkt für erlaubt, zumindest aber für eine minder schwere Sünde. Die hanafitische Rechtsschule, die unter anderem in der Türkei überwiegt, ohne allerdings das geltende Recht zu prägen, hält bis heute an dieser liberalen Sicht fest. Allgemein zeigt sich in den letzten Jahrzehnten allerdings eine deutliche Tendenz zur Verurteilung der Abtreibung außer bei schwerwiegender medizinischer Indikation seitens der Mutter. Soziale und wirtschaftliche Gründe werden hingegen im Hinblick auf den zitierten Koranvers, der die Versorgung aller Menschen durch Gott zusichert, als Abtreibungsgrund ebenso wenig akzeptiert wie mögliche Mißbildungen des Kindes. Diese Einstellung prägt heute im allgemeinen die einschlägige Rechtslage. So ist die Abtreibung unter anderem in Ägypten, Marokko, Algerien, aber auch in der laizistisch ausgerichteten Türkei unter Strafandrohung verboten, es sei denn, Leben oder Gesundheit der Mutter sind in Gefahr. Es steht außer Frage, daß es in dieser Situation zu illegalen und medizinisch bedenklichen Abtreibungen kommt, die aber so sehr tabuisiert werden, daß man über ihre Zahl nur spekulieren kann.

Bevölkerungswachstum und Bevölkerungspolitik

Trotz der vergleichsweise liberalen Haltung islamischer Gelehrter zur Frage der Geburtenregelung ist das Bevölkerungswachstum islamischer Länder bis heute sehr hoch. Die Lebenserwartung steigt, die Säuglingssterblichkeit sinkt, und die Geburtenrate bleibt vergleichsweise hoch. Dies ist nicht allein, aber doch teilweise auf den Islam zurückzuführen, der zumindest die traditionell bejahende Einstellung zum Kind und die Tendenz zu Frühehen begünstigt. In Ländern mit gemischt-religiöser Bevölkerung läßt sich beobachten, daß die Geburtenrate bei den Muslimen höher liegt als bei anderen Religionsgemeinschaften. Darüber hinaus spielen in den sogenannten Entwicklungsländern, zu denen auch die Mehrzahl der islamischen Länder zählt, Kinder eine wichtige Rolle als Arbeitskräfte und als soziale Sicherung und Altersversorgung für ihre Eltern. Die politischen Führer der islamischen Welt haben lange zum Kinderreichtum ermutigt, der ihnen volkswirtschaftlich vielversprechend erschien. So gab es Vorteile für kinderreiche Familien, wohingegen Kampagnen zur Familienplanung behindert, teilweise sogar verboten wurden. Mitte der siebziger Jahre wurden die wirtschaftlichen und sozialen Konsequenzen des Bevölkerungswachstums langsam deutlich. Etwa die Hälfte der Bevölkerung muslimischer Länder ist heute unter achtzehn Jahre alt und kann zum großen Teil vom Arbeitsmarkt nicht absorbiert werden. Durchschnittlich müssen fünf Personen – teilweise erheblich mehr – von einem, meist kargen Einkommen leben; im Vergleich dazu sind es in Westeuropa zwei. Wenig fruchtbares Land muß immer mehr Menschen ernähren, es kommt zu Landfluchtbewegungen mit allen sozialen Konsequenzen für die Städte, und das Wirtschaftswachstum hinkt dem Bevölkerungswachstum weit hinterher. In dieser Situation haben die Machthaber umgedacht, die Privilegien für kinderreiche Familien langsam abgebaut und die Verwendung moderner Verhütungsmittel propagiert. So wurde beispielsweise in den Straßen von Kairo auf riesigen Plakatwänden für die Pille geworben, eine Vorgehensweise, die in unseren Breitengraden vermutlich Anstoß erregt hätte. Gleichzeitig wurden die Bemühungen um eine bessere Schulbildung und Allgemeinbildung für Mädchen und Frauen verstärkt, nachdem hinlänglich bekannt ist, daß mit steigendem Bildungsniveau der Frau auch ihr Heiratsalter steigt und die Zahl ihrer Kinder sinkt. Die Auswirkungen dieser neuen Politik auf die Geburtenrate bleiben marginal. Nur wenige Familien, insbesondere die besser gestellten, in denen die Frau über ein gewisses Maß an Bildung verfügt, betreiben Familienplanung und gehen teilweise zur Zwei-Kind-Familie über. Die Mehrheit orientiert sich weiterhin an traditionellen Werten. Eine Rolle spielt dabei sicher, daß Informationen über Empfängnisverhütung sowie die Mittel dazu vor allem auf dem Land noch unzureichend verbreitet sind. In vielen islamischen Ländern, in denen das Bevölkerungswachstum zu einem echten Problem geworden ist, äußern sich aber auch muslimische Gelehrte verschiedener Richtungen skeptisch über staatlich verordnete Programme zur Familienplanung und verweisen auf die natürliche Bestimmung des Menschen zur Zeugung von Nachkommen sowie die notwendige zahlenmäßige Stärkung der muslimischen Gemeinschaft. Solche Argumente spielen vor allem dort eine Rolle, wo die Zahl der Muslime von unmittelbarer politischer Relevanz ist wie in Palästina oder Indien sowie in Saudi-Arabien, wo die Bevölkerungszahl gering ist und ihr Anwachsen volkswirtschaftlich wünschenswert erscheint. Während eine situationsbedingte individuelle Entscheidung für die Empfängnisverhütung im Rahmen des Islams durchaus akzeptabel erscheint, wird einer Regierung gerne das Recht abgesprochen, durch gezielte Gesetze oder manipulative Kampagnen in die Freiheit des Menschen und das Schöpfungsgeschehen einzugreifen. Dies gilt insbesondere dann, wenn Entwicklungshilfegelder von westlichen Regierungen an die Durchführung solcher Maßnahmen gekoppelt werden. Mancherorts nährt dieses Vorgehen die Befürchtung, der Westen wolle die islamische Gemeinschaft schwächen und propagiere nur zu diesem Zweck die Geburtenkontrolle.

3. Kinder sind Eure Freude: Geburt und Kindheit

a) Geburt, Namensgebung, Beschneidung

Die jung verheiratete Frau wird besonders ihre erste Schwangerschaft geradezu herbeisehnen, um von der Angst vor Kinderlosigkeit und ihren Folgen – soziales Stigma, Verstoßung oder Polygamie – befreit zu werden. Die Geburt eines Kindes, namentlich eines Sohnes, stärkt zudem ihre Position in der Familie des Mannes. Diese wird ebenso wie die weitere Umgebung einige Monate nach der Hochzeit sorgfältig beobachten, ob die Figur der jungen Ehefrau erste Veränderungen zeigt. Wenngleich ihrem Zustand große Wertschätzung entgegengebracht wird, kann die Schwangere nur in etwas privilegierten Bevölkerungsschichten sowie im städtischen Raum mit Rücksicht und Schonung rechnen. Fast alle islamischen Länder verfügen über Mutterschaftsgesetze, die bestimmte Tätigkeiten verbieten und arbeitsfreie Zeiten vorsehen. Im ländlichen Raum ist ein solcher Luxus nicht denkbar. Dies hat keine religiösen Gründe, sondern liegt vielmehr an den harten Lebensbedingungen des Alltags, die die volle Arbeitskraft der Frau in Familie, Haushalt und Landwirtschaft unnachgiebig einfordern. Das islamische Recht sieht dagegen gewisse Erleichterungen für die Schwangere vor, die ebenso wie die stillende Mutter von der Pflicht zum Fasten während des Ramadan befreit ist. Die Fasttage soll sie zu einem späteren Zeitpunkt nachholen oder ein freiwilliges Almosen als Ausgleich geben.

Die Geburt eines Kindes gibt im allgemeinen Anlaß zu großer Freude, die bei einem Jungen oft geradezu euphorisch ist, bei einem Mädchen dagegen eher verhalten. Der Koran gibt uns Aufschluß darüber, daß die Mädchengeburt im vorislamischen Arabien als ein Unglück galt und es zumindest in einzelnen Regionen üblich war, neugeborene Mädchen lebendig zu begraben, wenn man keine Möglichkeit sah, sie gleichzeitig mit den bevorzugten Jungen zu ernähren. Dazu heißt es:

„Wenn einer von ihnen von der Geburt eines Mädchens benachrichtigt wird, bleibt sein Gesicht finster, und er unterdrückt (seinen Groll). Er verbirgt sich vor den Leuten wegen der schlimmen Nachricht. Soll er es nun trotz der Schmach behalten oder es im Boden verscharren. Übel ist, wie sie da urteilen" (Koran 16:58,59).

Auch der Prophet, von dessen Kindern lediglich vier Töchter erwachsen wurden, mahnte immer wieder zur guten Behandlung und Erziehung der Mädchen, die manch andere Sünde kompensieren und den Gläubigen vor dem Höllenfeuer bewahren könne. Wenn dennoch bis heute die Geburt eines Jungen meist freudiger begrüßt wird als die eines Mädchens, so hat das vorrangig soziale und wirtschaftliche Gründe. Jungen werden als Arbeitskräfte gebraucht und sind in Ländern, in denen es kaum soziale Sicherungssysteme gibt, die einzige Altersversorgung für die Eltern; die Töchter hingegen verlassen mit der Heirat ihre Familie. Eine untergeordnete Rolle für die höhere Wertschätzung der Jungengeburt ist aber auch dem Islam zuzuschreiben, der sich deutlich für die Überordnung des Mannes in Ehe, Familie und Gesellschaft ausspricht. Außerdem gilt die Erziehung von Jungen als einfacher. Sie müssen weniger streng überwacht werden, da ihr Verhalten weder die Familienehre noch ihre Heiratschancen nachhaltig beeinträchtigen kann. Gewissermaßen als Ausgleich schätzt man aber auch die größere Fügsamkeit und Sanftmut der Mädchen, ihre Unterstützung der Mutter bei deren Arbeit und ihre offenbar ausgeprägtere Neigung, die Pflege der alten und kranken Eltern zu übernehmen. Der große islamische Theologe al-Ghazzali warnte die Gläubigen um das Jahr 1100 nachdrücklich vor allzu übertriebenen positiven oder negativen Gefühlen angesichts der Geburt eines Sohnes oder einer Tochter; niemand wisse schließlich, was der eine und die andere den Eltern an Glück und Sorge bescheren werde.

Für viele Eltern ist die Geburt eines Mädchens eine Enttäuschung, zumal solange noch kein Sohn da ist. Die Mütter werden nicht selten von ihren frustrierten Männern dafür bestraft, manchmal gar mit einer Zweitheirat oder Scheidung, eine Reaktion, die in keiner Weise vom Islam gutgeheißen wird. Dabei ist es natürlich auch in der islamischen Welt zumindest in gebildeteren Schichten bekannt, daß das Geschlecht eines Kindes durch den väterlichen Anteil bestimmt wird. Für das traditionelle Denken ist diese Kenntnis – ob sie der durchschnittlichen Bevölkerung nun zur Verfügung steht oder nicht – eher unerheblich; so wenig sich ein Mann für Kinderlosigkeit verantwortlich fühlt, so wenig sieht er sich selbst als Ursache für das Ausbleiben von Söhnen, das ihn nicht selten zum Gespött seiner Umgebung macht.

Namen und Rituale

Eine Reihe von Ritualen, die nach der Geburt üblich sind, werden vom Islam empfohlen, sind aber nicht verpflichtend. So soll dem Neugeborenen der Gebetsruf ins rechte Ohr geflüstert werden. Er lautet: „Gott ist groß, ich bekenne, daß es keinen Gott gibt außer Gott und daß Mohammed sein Prophet ist, auf zum Gebet, auf zum Heil,

Gott ist groß, es gibt keinen Gott außer Gott." In dieser oder leicht abgewandelter Form soll der Ruf, mit dem in der islamischen Welt fünfmal täglich von den Minaretten zum Ritualgebet gerufen wird, dann ins linke Ohr des Kindes geflüstert werden. Am siebten Tag wird nach altarabischem Brauch ein Opfer gebracht, ein Stück Kleinvieh für ein Mädchen und zwei Stück für einen Jungen; ein Teil des Fleisches soll an Arme verteilt werden. Anschließend wird dem Kind das erste Haar geschnitten; sein Gewicht soll in Gold oder Silber aufgewogen und als Almosen gespendet werden.

Die Sorge für die Bedürftigen ist insgesamt von zentraler Bedeutung im Islam und eine Komponente zahlreicher Bräuche; in diesem Zusammenhang ist es zudem Ausdruck der Dankbarkeit für die Geburt. Der siebte Tag gilt auch als besonders empfehlenswert für die Namensgebung. Die Namensfrage wird in der Regel nicht monatelang diskutiert, sondern nach der Geburt spontan entschieden, meist vom Vater, manchmal auch von Großvater oder Großmutter. Das Mitspracherecht der Mutter ist regional unterschiedlich und bei Mädchen im allgemeinen größer als bei Jungen. Der beliebteste Jungenname ist der Name des Propheten Mohammed, oder auch Mehmet in der türkischen Form. Weit verbreitet sind auch Zusammensetzungen aus Abd, was soviel wie Diener bedeutet, und einem der 99 schönen Namen Gottes. Wenn also Abdallah wörtlich ‚Diener Gottes' heißt, so bedeuten alle anderen Namen, die mit Abd beginnen, eigentlich dasselbe, wörtlich aber beispielsweise ‚Diener des Freundlichen' für Abdellatif oder ‚Diener des Barmherzigen' für Abderrahman. Bei den Schiiten sind ferner Ali und Husain besonders beliebt, bei den Sunniten Hasan, Omar und Osman. Für Mädchen werden gerne die Namen der Töchter des Propheten gewählt, insbesondere der seiner Lieblingstochter Fatima, aber auch Zainab,

Ruqaiya oder Umm Kulthum, sowie Khadija, der Name seiner ersten Frau. Die Sunniten bevorzugen außerdem Aysha oder in türkischer Form Ayshe. Nicht alle Namen haben einen spezifisch islamischen Hintergund oder gar eine religiöse Bedeutung. Gerne werden Metaphern für gute Eigenschaften oder Schönheit gewählt wie Salah (Güte, Frömmigkeit) oder im Türkischen Zusammensetzungen mit Gül (Rose). Vereinzelt drücken Eltern mit der Namensgebung auch den Wunsch aus, keine weiteren Töchter mehr zu bekommen; so gibt es Mädchen, die Yeter (es genügt) oder Songül (letzte Rose) heißen. Natürlich gibt es in der Namengebung auch regionale Besonderheiten und Modeerscheinungen. So werden die Namen von Lokalheiligen ebenso vergeben wie die beliebter Sänger, Schauspieler oder Sportler, wenngleich sehr gläubige Familien hier kaum ihre Vorbilder suchen werden.

Dem Kind wird sein Name dreimal ins Ohr geflüstert. Der arabisch-islamische Name gilt als Zeichen der Zugehörigkeit zum Islam, so daß auch mit einer Konversion zum Islam die Übernahme eines solchen Namens verbunden ist.

Die Jungenbeschneidung

Viele Überlieferungen belegen, daß die Beschneidung vor dem Islam sowohl bei den Arabern als auch bei anderen Völkern allgemein üblich war und in die neue Religion einging. Sie wird häufig als eine Bestätigung der Zugehörigkeit zum Islam angesehen, begründet sie aber nicht. Das Kind ist mit Geburt oder gar schon davor Muslim, wenn sein Vater Muslim ist.

Im Koran wird die Beschneidung nicht erwähnt, und die Gelehrten berufen sich diesbezüglich auf Verse, in denen sehr allgemein von guten Werken die Rede ist. Darüber hinaus wird auf die hygienischen Vorteile verwiesen, die die Beschneidung des Mannes als ein Recht der Frau erscheinen lassen. Manche Autoren weisen schließlich darauf hin, daß Unbeschnittene, die nicht peinlichst auf körperliche Reinlichkeit achten, ständig in Gefahr seien, rituell unrein zu sein und damit die Gültigkeit ihrer rituellen Handlungen in Frage zu stellen. Lediglich die schafiitische Rechtsschule macht die Beschneidung des Jungen zur Pflicht, alle anderen halten sie lediglich für empfohlen. De facto wird sie überall praktiziert und mit der Zugehörigkeit zum Islam eng verbunden. So lassen sich auch Konvertiten in der Regel beschneiden. Der Zeitpunkt der Beschneidung ist nicht festgelegt und liegt oft sieben bis vierzig Tage nach der Geburt, im siebten Lebensjahr oder nach Eintreten der Geschlechtsreife. In der Türkei wird die Beschneidung meist im siebten Lebensjahr und im Herbst durchgeführt. Muslime, die in Deutschland oder anderen westlichen Ländern leben, lassen sie dort von einem muslimischen Arzt vornehmen oder verbinden dieses Ereignis mit einem Besuch in der Heimat.

Die eigentliche Beschneidung besteht im Abtrennen eines Teils der Vorhaut und wird häufig durch einen Barbier, heute aber auch durch Ärzte vorgenommen. Das Zeremoniell, mit dem die Beschneidung anschließend gefeiert wird, ist lokal sehr unterschiedlich und häufig so aufwendig, daß die Familien sich auf Jahre verschulden. Der Knabe wird in prachtvolle Gewänder gehüllt, auf einem Pferd oder einem Kamel durch die Straßen geführt und mit Geschenken überhäuft; anschließend findet ein Festessen statt. Inzwischen ist es vielerorts üblich, mehrere Brüder oder Jungen verwandter oder benachbarter Familien gleichzeitig beschneiden zu lassen, um den Aufwand für die einzelnen im Rahmen zu halten.

Die Mädchenbeschneidung

Bei der Mädchenbeschneidung gibt es nichts zu feiern. Sie wird nur in Teilen der islamischen Welt und dort von Muslimen und Nicht-Muslimen gleichermaßen praktiziert. Es handelt sich um einen Vorgang innerhalb der Frauenwelt, abgeschirmt von jeder Öffentlichkeit. In vielen mehrheitlich islamischen Ländern ist die Mädchenbeschneidung dagegen unbekannt, und die meisten Religionsgelehrten stehen ihr kritisch bis ablehnend gegenüber. Bei der radikalsten Form der Mädchenbeschneidung werden die Klitoris sowie die inneren und teilweise auch die äußeren Schamlippen entfernt. Sie wird in Anlehnung an ihren Ursprung als pharaonische Beschneidung bezeichnet und ist heute vor allem im Sudan und in Somalia verbreitet. Von muslimischer Seite wird diese Art der Beschneidung einhellig und vehement verurteilt. Anders verhält es sich mit den gemäßigteren Formen, bei denen die Klitoris ganz oder teilweise entfernt wird. Diese Beschneidung ist vor allem in Ägypten üblich und wird hier von Muslimen und Christen praktiziert, so daß auf dem Lande bis heute über 95 Prozent der Mädchen beschnitten werden, in der Stadt dagegen weit weniger. Ein diesbezügliches Verbot wurde erst kürzlich wieder aufgehoben. Außerdem wird die Mädchenbeschneidung in dieser Form teilweise auf der Arabischen Halbinsel und vereinzelt in Nordwestafrika und Südostasien praktiziert. Der Eingriff wird häufig von traditionellen Hebammen und unter sehr mangelhaften hygienischen Bedingungen durchgeführt. Schwere, teilweise tödliche Infektionen sind die Folge, ganz zu schweigen von dem traumatischen Erlebnis und dem teilweisen oder vollständigen Verlust der sexuellen Empfindungsfähigkeit. Besser gestellte Familien lassen ihre Töchter von Ärzten und nach Möglichkeit im Krankenhaus beschneiden.

Die religiösen Quellen sind zu diesem Thema nicht sonderlich ergiebig. Es gibt lediglich eine Überlieferung, nach der der Prophet eine Hebamme, die Mädchenbeschneidungen durchführte, angewiesen haben soll, nicht alles wegzuschneiden. Sowohl die Befürworter als auch die Gegner der Mädchenbeschneidung berufen sich auf diese Tradition, die belegen soll, daß der Prophet die Sitte grundsätzlich billigte, sich andererseits aber der Konsequenzen für die Frau bewußt war und diese eindämmen wollte. Einige Gelehrte, namentlich in den Ländern, in denen an der Mädchenbeschneidung festgehalten wird, verteidigen sie auch aus islamischer Sicht. So sei das sexuelle Empfinden der Frau von Natur aus sehr stark und wegen ihrer mangelhaften Selbstbeherrschung kaum kontrollierbar. Die Beschneidung könne diesen Trieb in gewisse Grenzen lenken und dazu beitragen, daß die Frau ihre Jungfräulichkeit bis zur Ehe bewahrt und sich darüber hinaus tugendhaft verhält und ihrer Familie zur Ehre gereicht. Sie warnen aber vor übertriebenen Formen der Beschneidung, die das sexuelle Empfinden der Frau zu sehr beschränken und damit auch das Eheleben beeinträchtigen würden.

Die zahlreicheren Gegner der Mädchenbeschneidung – unter ihnen der Scheich der theologischen Hochschule Azhar in Kairo, Tantawi – legen ebenfalls Wert darauf, in ihrer Ablehnung nicht den Forderungen von Frauenbewegungen oder gar westlichen Kritikern zu folgen, sondern sie aus der Religion heraus zu begründen. So darf das Recht der Frau auf sexuelle Befriedigung nicht einfach eingeschränkt werden, und der Koran verbietet Eingriffe in die Schöpfung und die körperliche Unversehrtheit des Menschen. Als Werk Gottes ist dieser – ob Mann oder Frau – vollkommen und kann nicht von vornherein einer Veränderung bedürfen, um im Sinne des Islams leben zu können. Auch die islamische Menschenrechtserklärung von 1981 greift dieses Recht des Menschen auf, vor körperlichem Schaden bewahrt zu werden, ohne aber explizit auf die Mädchenbeschneidung Bezug zu nehmen. Vereinzelt wird aus dieser Perspektive auch Kritik an der Jungenbeschneidung laut.

Die Initiativen zur Abschaffung der Mädchenbeschneidung sind besonders in Ägypten sehr zahlreich und werden von Regierung, Frauenverbänden, Menschenrechtsorganisationen, islamischen Gelehrten, Kirchen, Medizinern und vielen anderen getragen. Dabei besteht weitgehende Einigkeit, daß dieser Praxis durch ein Verbot nicht beizukommen ist. Würden Regierungskrankenhäuser die Durchführung verweigern, würde dies lediglich die Beschneidungen unter hygienisch bedenklichen Umständen begünstigen. Eine umfassende Aufklärung der Bevölkerung ist erforderlich, um eine tief verwurzelte Einstellung allmählich zu überwinden. In Regionen, in denen die Mädchenbeschneidung üblich ist, gelten unbeschnittene Mädchen als unsittlich und sind entsprechend schwer zu verheiraten.

b) Erziehung und Rechtsstellung des Kindes

Das Kind eines muslimischen Vaters ist automatisch und ohne ein besonderes Ritual Muslim und hat das Recht, im Geiste des Islams erzogen zu werden. Der Islam gilt als die Religion, die der göttlichen Schöpfungsordnung in vollkommenster Weise entspricht und insofern die richtige Religion eines jeden Menschen ist. Viele Religionsgelehrte gehen daher so weit zu sagen, daß jeder Mensch notwendigerweise in Harmonie mit der göttlichen Schöpfungsordnung und somit als Muslim geboren wird, um dann von seinen Eltern und seiner Umgebung in dieser Religion erzogen oder in eine andere Richtung gelenkt zu werden.

Auf die formalen Nicht-Muslime hat der Islam aber keinen rechtlichen Zugriff, und so beschränkt man sich auf die Feststellung, daß das Kind eines muslimischen Vaters weder bei seiner Geburt noch später aus eigener Entscheidung einer anderen Religion angehören kann. Oberste Pflicht der muslimischen Eltern ist es, ihr Kind nach den Maßgaben der Religion zu einem frommen und rechtschaffenen Menschen zu erziehen. Der Vater trägt die Verantwortung dafür, daß seine Kinder im angemessenen Alter, das heißt eingeschränkt ab etwa sieben und in vollem Umfang ab etwa elf bis fünfzehn Jahren, die rituellen Pflichten versehen, von denen besonders das gemeinsame Gebet und das Fasten, verbunden mit nächtlichen Gebeten und Mahlzeiten, das religiöse Leben innerhalb der Familie prägen.

Autorität und Erziehung in der Familie

Die Familie ist der Hort islamischer Erziehung und der Vermittlung religiöser und kultureller Werte und Traditionen. Gegenüber außerfamiliären Institutionen und Einflüssen wie Schulen, Medien und Verbänden verkörpert die Familie meist die traditionelle Komponente in der Erziehung, die den Erhalt der islamischen Identität und Lebensweise gewährleisten soll. Die Eltern dürfen ihre Erziehungsziele und -methoden im Rahmen der islamischen Werteordnung frei wählen, sofern sie die Interessen und die Zukunft des Kindes im Blick haben. Das Eltern-Kind-Verhältnis ist in aller Regel hierarchisch; Eltern schulden ihren Kindern Liebe und Sorge, Kinder ihren Eltern Gehorsam und Respekt. Diese Prinzipien sind noch weitgehend ungebrochen gemäß dem Prophetenwort: *„Wer nicht gütig ist gegen unsere Jüngeren und unseren Älteren keine Ehrerbietung erweist, der gehört nicht zu uns."*

Der Vater ist die oberste Autorität innerhalb der Familie, gibt die Regeln und Maßstäbe vor, nach denen sich die Kinder zu richten haben, und duldet in der Regel keinen Widerspruch. Ein Aufbegehren gegen die väterliche Autorität ist ausgesprochen schwierig und unüblich, und sein Recht, Respekt und Gehorsam auch durch Strenge und Schläge zu erzwingen, wird allgemein nicht in Frage gestellt. Diese sehr autoritäre Position des Vaters hat nur bedingt mit dem Islam zu tun und ist ganz allgemein Bestandteil einer patriarchalischen Gesellschaftsordnung. Selbst das laizistische türkische Familienrecht verfügt, daß bei Streitfällen zwischen den Eltern zum Beispiel bezüglich der Namenswahl, der Erziehung, der Schul- und Berufswahl, ärztlicher Eingriffe und dergleichen immer die Meinung des Vaters maßgeblich ist. Er darf auch ohne Rücksprache mit seinem Kind für dieses einen Lehrvertrag abschließen und frei über dessen Umgang entscheiden. Auch das väterliche Züchtigungsrecht ist gesetzlich verankert mit der Begründung, es handele sich hier um einen intimen Vorgang innerhalb der Familie, der keine Einmischung staatlicherseits dulde. Die Mutter spielt dagegen auch in der islamischen Welt eher eine vermittelnde Rolle. Ihre Söhne, für deren Geburt sie die ersehnte Anerkennung ihres Mannes und seiner Familie erhielt, kann sie kaum in die Schranken weisen. *„Das Paradies liegt unter den Füßen der Mutter"* besagt eines der zahlreichen Prophetenworte, die die herausragende Stellung und Bedeutung der Mutter illustrieren sollen, und als Mohammed von einem Gläubigen gefragt wurde, wer am meisten liebevolle Zuwendung und Unterstützung verdiene, nannte er dreimal die Mutter und dann erst den Vater. So wird auch der Mutter großer Respekt entgegengebracht, wenngleich in anderer Ausprägung als gegenüber dem Vater.

Oft sind schon ganz kleine Babys an ihrer Kleidung deutlich als Jungen oder Mädchen zu erkennen. Tatsächlich werden Kinder von Anfang an ganz mit ihrem Geschlecht identifiziert. Da die islamische Lehre von der Verschiedenartigkeit der körperlichen, geistigen und seelischen Anlagen der Geschlechter und damit ihrer Rollen ausgeht, werden Mädchen und Jungen schon früh unterschiedlich und auf ihre jeweiligen späteren Aufgaben hin erzogen.

„Wer eine Tochter hat und diese ordentlich erzieht und ernährt und ihr in reichlichem Maße die Güter zuteil werden läßt, die ihm Gott beschert, den bewahrt sie vor der Hölle und sie ebnet ihm den Weg zum Paradies." Mit diesen und ähnlichen Worten hat der Prophet die gute Behandlung und Erziehung der Mädchen immer wieder eingefordert, aber dennoch wird der Erziehung und Ernährung des Mädchens oft weniger Aufmerksamkeit gewidmet als der des Jungen. Von Mädchen wird bereits sehr früh, etwa im Alter von drei Jahren erwartet, daß sie nicht herumalbern oder müßig dasitzen, sondern zumindest handarbeiten, kleine Handgriffe im Haushalt versehen oder ein jüngeres Geschwisterchen halten. Jungen haben weit mehr Freizeit und Bewegungsfreiheit, wohingegen Mädchen bereits als Kleinkinder an das Haus als ihren späteren Lebensraum gewöhnt werden. Die Jungen werden ihrerseits ab einem gewissen Alter vornehmlich vom Vater erzogen, der sie in die Welt der Männer, ihre Aufgaben und ihren Verhaltenskodex einführt; je nach Kontext kann das harte Arbeit für noch recht kleine Jungen bedeuten.

Etwa ab dem siebten Lebensjahr sollen Kinder verschiedenen Geschlechts nicht mehr in einem Zimmer untergebracht werden, und es wird deutlich, daß die Erziehung der Töchter nunmehr vorrangig Sache der Mutter, die der Söhne Sache des Vaters ist. Beiden obliegt auch die sexuelle Aufklärung ihrer gleichgeschlechtlichen Kinder als zentrale Aufgabe mit dem Ziel, ihnen die Grenzen zwischen Erlaubtem und Verbotenem einzuschärfen und die islamische Ordnung aufrechtzuerhalten.

Das Recht auf legitime Abstammung

Das Kind hat ein Recht auf eindeutige und legitime Abstammung, für die nicht die eheliche Geburt, sondern vielmehr die eheliche Zeugung ausschlaggebend ist. Nach dem klassischen islamischen Recht liegt diese vor, wenn das Kind mindestens sechs Monate nach der Heirat oder maximal *ein Jahr nach Auflösung der Ehe* durch Scheidung oder Tod des Mannes zur Welt kommt, letzteres unter der Voraussetzung, daß die Mutter zwischenzeitlich keine Periode hatte. Moderne Familiengesetze tragen allerdings der wissenschaftlichen Erkenntnis über die maximale Dauer einer Schwangerschaft Rechnung und definieren ein Kind als legitim, daß mindestens sechs Monate nach der Heirat oder zehn Monate bis ein Mondjahr (354 Tage) nach Auflösung der Ehe zur Welt kommt. Das Recht auf legitime Abstammung und natürlich begründete Elternschaft schließt auch aus der Perspektive des Kindes Adoption aus. Dazu heißt es:

„Und Er hat eure Adoptivsöhne nicht (wirklich) zu euren Söhnen gemacht. Das ist eure Rede aus eurem Munde. Aber Gott sagt die Wahrheit, und Er führt den (rechten) Weg. Nennt sie nach ihren Vätern. Das ist gerechter in den Augen Gottes. Wenn ihr ihre Väter nicht kennt, dann gelten sie als eure Brüder in der Religion und eure Schützlinge. Und es wird euch nicht als Vergehen angerechnet, was ihr hier gefehlt habt, sondern was eure Herzen vorsätzlich anstreben. Und Gott ist voller Vergebung und barmherzig" (Koran 33:4,5).

Illegitime Kinder – oder nach unserem Sprachgebrauch

uneheliche Kinder im Hinblick auf die Zeugung – sind ihrem Vater gegenüber weder unterhalts- noch erbberechtigt. Das Unterhaltsrecht des Kindes richtet sich in diesem Fall an die Mutter oder die Gemeinde der Gläubigen, die im Bedarfsfall dafür aufkommen muß. Ansprüche dem Vater gegenüber kommen nur durch dessen Anerkennung der Vaterschaft und der damit verbundenen Verpflichtungen zustande. Diese ist an Bedingungen gebunden, die eine biologische Vaterschaft naheliegend erscheinen lassen. So darf kein anderer Mann die Vaterschaft beanspruchen, der Altersabstand zwischen Vater und Kind muß genügend groß sein, und das Kind muß der Anerkennung ab einem gewissen Alter zustimmen. Manche Lehrmeinungen verlangen außerdem die räumliche Nähe des Aufenthaltsortes des Vaters und des Geburtsortes des Kindes. Das geltende Familienrecht islamischer Länder sieht unter den genannten Bedingungen allgemein die Möglichkeit zur Anerkennung der Vaterschaft und Absicherung kindlicher Unterhalts- und Erbansprüche vor.

Die Eindeutigkeit der Abstammung ist im Rahmen der islamischen Sexualmoral gewährleistet, die der Frau immer nur einen Sexualpartner in Gestalt ihres legitimen Ehemannes zubilligt und eine Wiederheirat nach Scheidung oder Tod des Mannes erst erlaubt, wenn zweifelsfrei geklärt ist, ob eine Schwangerschaft vorliegt. Insofern ist es auch ein Recht des potentiellen Kindes, daß die Frau sich jeder Form von Unzucht enthält, um keine Verwirrung bezüglich der Vaterschaft zu stiften.

Sorgerecht, Unterhalt und Volljährigkeit

Die Rechtsstellung des Kindes hängt ab von seinem Geschlecht, von bestimmten körperlichen und geistigen Zuständen und Entwicklungsphasen und von seinem Alter. Bereits vor der Geburt kann das Kind erben, mit der Geburt beginnt dann die eigentliche Rechtsfähigkeit, die bis zu einem gewissen Alter naturgemäß Beschränkungen unterliegt.

Das Vermögen des Kindes wird in der Regel vom Vater oder Großvater, unter Umständen auch von der Mutter oder einem Bevollmächtigten verwaltet. Relevanz hat dies vor allem für den frühzeitigen Erbfall. Töchter erben halb so viel wie Söhne, was damit begründet wird, daß sie über ihr Erbe frei verfügen können, Söhne hingegen finanzielle Verpflichtungen gegenüber ihrer Familie haben. Die Kinderheirat ist heute ausgesprochen selten, aber das islamische Recht kennt auch für dieses Alter bereits die Vormundschaft zur Verheiratung, die dem Vater, Großvater, einem anderen männlichen Verwandten oder einem gesetzlichen Vormund zukommt, niemals aber einer Frau.

Die Versorgung des Kindes mit allem Notwendigen an Nahrung, Kleidung, Wohnung, medizinischer Betreuung und dergleichen obliegt unter finanziellen Aspekten dem Vater; allerdings ist die Mutter verpflichtet, nach ihren Möglichkeiten einzuspringen, wenn der Vater hierzu nicht in der Lage ist. Die Betreuung des Kindes im Alltag hingegen ist eindeutig Sache der Mutter und soll, wenn diese wegfällt, von einer Großmutter, Tante, Schwester oder anderen weiblichen Verwandten wahrgenommen werden. Erst wenn weit und breit keine Frau diese Aufgabe übernehmen kann, soll der Vater oder ein männlicher Verwandter diesbezüglich in die Pflicht genommen werden. Nach dem koranischen Gebot, *„die Mütter sollen ihre Kinder zwei volle Jahre stillen" (Koran 2:233)* hält die Mehrzahl der Gelehrten das Stillen für ein Recht und gleichzeitig eine Pflicht der Mutter, die in manchen Ländern sogar gesetzlich verankert ist. In der traditionell islamischen Gesellschaft und vor allem in ländlichen Regionen ist das Stillen schon aus finanziellen und praktischen Gründen die Regel; die durchschnittliche Stillzeit wird auf ein bis anderthalb Jahre bei Mädchen und zwei bis drei Jahre bei Jungen geschätzt.

Mit etwa sieben bis neun Jahren nimmt man an, daß das Kind bereits über eine gewisse Unterscheidungsgabe zwischen Gut und Böse verfügt. Von nun an muß es einen Teil der religiösen Pflichten erfüllen und ist eingeschränkt geschäftsfähig, kann also beispielsweise ein Testament machen. Die Volljährigkeit wird bei Eintritt der Geschlechtsreife angenommen, das heißt je nach Lehrmeinung mit neun bis dreizehn Jahren bei Mädchen und mit elf bis fünfzehn Jahren bei Jungen. Es ist charakteristisch für das islamische Denken, daß dieser Reifezustand dem Erwachsensein zugrunde gelegt wird, und nicht ein Alter in absoluten Zahlen. Mit der Volljährigkeit hat das Kind uneingeschränktes Verfügungsrecht über sein Vermögen, gilt als voll zurechnungsfähig, geschäftsfähig und strafmündig und ist verpflichtet zur Einhaltung der religiösen Pflichten. Mädchen unterliegen auch nach diesem Zeitpunkt einem Vormund zu ihrer Verheiratung, die sie nicht eigenständig vornehmen dürfen.

Auch die Kinder sind ihren Eltern gegenüber unterhaltspflichtig, wenn es notwendig wird. Unabhängig von ihrem Alter und eigenem Familienstand dürfen sie sie nicht vernachlässigen, sollen sie freundlich und respektvoll behandeln, für sie beten, ihre Anschauungen übernehmen und ihnen in allem gehorchen außer der Sünde. *„Und dein Herr hat bestimmt, daß ihr nur Ihm dienen sollt, und daß man die Eltern gut behandeln soll. Wenn eines von ihnen oder beide bei dir ein hohes Alter erreichen, so sag nicht zu ihnen: ‚Pfui!‘, und fahre sie nicht an, sondern sprich zu ihnen ehrerbietige Worte. Und senke für sie aus Barmherzigkeit den Flügel der Untergebenheit und sag: ‚Mein Herr, erbarme dich ihrer, wie sie mich aufgezogen haben, als ich klein war‘"* (Koran 17:23,24).

c) Schulbildung von Jungen und Mädchen

„Suchet das Wissen, und sei es in China."
Dieser berühmte Ausspruch des Propheten Mohammed deutet hin auf den hohen Stellenwert, der Bildung und Wissen im Islam eingeräumt wird. Alle möglichen Anstrengungen sollen die Gläubigen beiderlei Geschlechts demnach auf sich nehmen, um diesem Ziele näherzukommen. Dennoch blieb der Besuch formaler Lehranstalten in der islamischen Welt wie anderswo über Jahrhunderte das Privileg einer kleinen Elite.

Das klassische islamische Bildungswesen

Die traditionellen islamischen Schulen, die es heute in ihrer Reinform nur noch vereinzelt gibt, konzentrieren sich auf die religiöse Ausbildung ihrer Schüler. Dem liegt die Auffassung zugrunde, daß die koranische Offenbarung alles wesentliche Wissen enthalte, sehr rational und logisch und keinesfalls wissenschaftsfeindlich sei. Als Hauptziel der Erziehung gilt ein Leben in Übereinstimmung mit dem islamischen Gesetz; die absolute Gültigkeit religiöser Normen definiert und begrenzt den Raum zur persönlichen Entwicklung. Der Koran steht im Mittelpunkt aller wissenschaftlichen Betätigung, und andere Fächer wie Lesen, Schreiben, arabische Grammatik, frühislamische Geschichte und Tradition dienen vornehmlich seinem besseren Verständnis.

Die religiösen Schulen waren über Jahrhunderte ohne Konkurrenz. Sie wurden meist privat organisiert und kosteten Schulgeld, ein Umstand, der den potentiellen Schülerkreis bereits sehr einschränkte. Vermögende Eltern engagierten überdies gerne einen Hauslehrer, von dem dann auch Mädchen profitieren konnten, lange bevor es die erste Mädchenschule gab. Maßvolle körperliche

Züchtigung galt und gilt als legitimes Erziehungsmittel des Lehrers. Noch heute sagen ihm viele Eltern bei der Einschulung ihres Kindes „Das Fleisch des Kindes gehört Ihnen, aber seine Knochen sind unser", was soviel bedeutet wie, daß der Lehrer das Kind ruhig schlagen darf, allerdings nicht so, daß die Knochen in Mitleidenschaft gezogen werden.

Über das elementare Schulwesen hinaus entstanden Lehrbetriebe für islamische Wissenschaften an den Moscheen, mancherorts in der Form, daß die Studenten dort gleichzeitig lernen und wohnen konnten. Einige dieser traditionsreichen Moscheehochschulen bestehen bis heute, beispielsweise in Kairo, Qom oder Medina. Dieses traditionelle islamische Bildungswesen weist einige Charakteristika auf, die mit unserem Verständnis von Bildung und ihren Zielen nur schwer zu vereinbaren sind. So werden Normen meist kritiklos übernommen, und das Auswendiglernen und Repetieren spielt eine weit größere Rolle als eigenständiges Denken oder kritisches Hinterfragen. Verschiedene Faktoren haben diese Entwicklung begünstigt, die von den religiösen Quellen des Islam keineswegs vorgezeichnet war. Viele Stimmen und Werke islamischer Gelehrter in Geschichte und Gegenwart belegen, daß der Koran das kritische und kreative Denken an sich keineswegs unterbindet.

Warum spielt es dennoch in der Rezeption der Glaubensinhalte heute eine untergeordnete Rolle? Zunächst liegt das Auswendiglernen in der arabischen Tradition und spielte bereits in der vorislamischen Kultur eine große Rolle. Die berühmten und oft sehr umfangreichen Werke der altarabischen Dichter beherrschten auch Analphabeten mit großer Selbstverständlichkeit auswendig, wohingegen das geschriebene Arabisch nur im Geschäftsleben eine Rolle spielte. Diese Tradition setzte sich in islamischer Zeit fort, und so galt es auch nach der endgültigen schriftlichen Fixierung des Offenbarungstextes als verdienstvoll, den Koran auswendig zu können. Man kann davon ausgehen, daß auch heute noch Muslime mit einem eher unterdurchschnittlichen Niveau an allgemeiner Schulbildung zumindest beachtliche Passagen des Koran rezitieren können; den Ehrentitel Hafiz, der demjenigen gebührt, der den ganzen Koran auswendig kann, verdient dagegen wohl nur eine Minderheit. Hinzu kommt als weiterer Faktor, daß sich innerhalb der islamischen Welt etwa ab dem 10. Jahrhundert die Vorstellung durchgesetzt hat, man täte besser daran, den großen, bis dahin anerkannten Lehrautoritäten zu folgen, anstatt persönlich aufgrund der Quellen und eigenen Einsicht nach Recht und Wahrheit zu suchen. So galt es fortan quasi als Pflicht, sich einer der anerkannten Rechtsschulen oder Lehrmeinungen anzuschließen und diese für sich zu übernehmen. Diese Haltung hat das Schulwesen in der islamischen Welt lange und teilweise bis heute geprägt. Schließlich begünstigt die Angst vor einer kulturellen Dominanz des Westens, wie sie sich in der Kolonialzeit, aber auch in der weltweiten politischen Einflußnahme zeigt, die Befürchtung, daß die islamische Welt ihre Identität verlieren könnte, wenn man dem individuellen Denken und Urteilen sozusagen Narrenfreiheit gewährt.

Auf allen Ebenen des religiösen Bildungswesens ist das Erlernen der arabischen Sprache auch für Muslime anderer Muttersprachen unabdingbar. Der Koran gilt als sprachlich so schön und unnachahmbar, daß hierdurch gleichsam das Prophetentum Mohammeds bewiesen wird, da ein Mensch ohne göttliche Eingebung ein solches Meisterwerk nicht hätte hervorbringen können. So gilt der Koran in seiner Vollkommenheit als unübersetzbar, wenngleich ein ausgesprochenes Übersetzungsverbot aufgrund der Vielzahl nicht-arabischer Muslime heute nicht mehr aufrechterhalten wird. Man soll aber im Gebet und bei sonstigen Gelegenheiten den Koran nur in arabischer Sprache rezitieren und findet auch nur über diese Sprache letztlich Zugang zur Vollkommenheit der Offenbarung, ein Zugang, der der Mehrzahl der Muslime angesichts ihrer begrenzten Bildungschancen und der beträchtlichen Schwierigkeiten des Arabischen allerdings verwehrt bleibt. Sie müssen sich mit dem Auswendiglernen der kritischen Passagen für das Gebet und einer Erklärung ihrer Bedeutung begnügen.

Das säkulare Schulwesen

Seit dem frühen 19. Jahrhundert wurde parallel zu den religiösen Schulen ein weitgehend nach westlichem Vorbild ausgerichtetes Schulwesen aufgebaut, das aber zunächst weit davon entfernt war, für die Allgemeinheit zugänglich zu sein. Neu war an diesem Schulwesen, daß es nicht mehr als unmittelbares Instrument der Geistlichkeit mit dem primären Ziel der religiösen Erziehung fungierte, sondern staatlich verwaltet wurde und nun auch neuen Lehrinhalten wie natur- und sozialwissenschaftlichen Fächern und Fremdsprachen Raum gab. Die Religionsgelehrten verfolgten diese Entwicklung zunächst mit großem Unbehangen, sahen sie doch ihre persönliche Kontrolle schwinden und statt dessen unislamische Einflüsse auf die Jugend einwirken, die die Bedeutung religiöser Fächer in den Hintergrund drängten. Schließlich stand zu befürchten, daß eine gebildete Bevölkerung ihnen weniger blind Folge leisten und vielmehr ihre Privilegien in Frage stellen würde.

Die ersten Mädchenschulen entstanden 1873 in Ägypten, 1899 im Irak, 1917 im Iran, 1960 schließlich in Saudi-Arabien. Wiederum erhob sich Protest aus traditionellen islamischen Kreisen. Viele Muslime konnten keinerlei Nutzen in der Schulbildung für Mädchen erkennen, wohl aber große moralische Gefahren, mußten doch die Mädchen zu diesem Zwecke das Haus verlassen und sich dann mit allerlei Dingen beschäftigen, die sie die guten Sitten vergessen lassen und aufmüpfig gegen ihre Eltern und später gegen ihre Ehemänner stimmen könnten. In Saudi-Arabien fand man den Kompromiß, den Religionsgelehrten die Oberaufsicht über das Schulwesen zu übertragen, und es entstand ein paralleles Schulwesen für Mädchen unter Verzicht auf die allgemeine Schulpflicht. Koedukation ist hier nur in der Vorschule erlaubt, in anderen Ländern ist sie meist auch in der Primarschule üblich, wobei allerdings Jungen und Mädchen getrennt sitzen.

1923 wurden in Ägypten die allgemeine Schulpflicht und die Kostenfreiheit des Elementarunterrichts eingeführt. In den folgenden Jahrzehnten folgten fast alle islamischen Länder diesem Beispiel und setzten die Schulpflicht für Jungen und Mädchen wenigstens de jure in der Regel auf sechs Grundschuljahre fest. Vereinzelt liegt die Zahl der Pflichtschuljahre bei vier wie in Pakistan und Afghanistan oder bei neun in Syrien, Bahrein, Libyen und der Türkei, zehn in Algerien und zwölf in Kuwait. Die tatsächlichen Einschulungsraten sind von Region zu Region, zwischen Stadt und Land, zwischen Reich und Arm und zwischen Jungen und Mädchen sehr unterschiedlich, und es ist den Behörden so gut wie unmöglich, die staatlich verordnete Schulpflicht durchzusetzen. Oft werden die Kinder formal eingeschult, fehlen aber bei der nächsten Ernte oder der Geburt eines weiteren zu versorgenden Kindes und kommen dann nicht wieder. Die Arbeitskraft der Kinder wird gebraucht, und auch wenn kein Schulgeld verlangt wird, so müssen doch Arbeitsmaterialien und Schuluniformen gekauft werden, eine Ausgabe, die viele Familien zumindest nicht für alle Kinder aufbringen können. Es wäre sicher zu kurz gegriffen, es allein dem Islam anzulasten, wenn in dieser Situation dem Schulbesuch des Jungen der Vorrang gegeben wird, der später eine Familie ernähren muß, während das Mädchen die ihm zugeschriebene Rolle auch ohne Schulbildung einnehmen kann. Hinzu kommt die Skepsis vieler Eltern gegenüber dem Einfluß der Schule auf ihre Kinder im allgemeinen und die Töchter im besonderen und die Angst vor Kontrollverlust, wenn die Mädchen den Blickwinkel der Eltern verlassen und weite Schulwege zurücklegen müssen.

Von islamischer Seite wird heute der Schulbesuch von Jungen und Mädchen grundsätzlich positiv bewertet, allerdings nicht ohne kritisch auf die Notwendigkeit der Geschlechtertrennung, der vorrangigen Behandlung religiöser Fragen und der rollenspezifischen Erziehung hinzuweisen. Es ist und bleibt Konsens der Mehrzahl der muslimischen Gelehrten, daß die Schule das Mädchen auf ihre spätere Aufgabe als Ehefrau und Mutter vorbereiten soll und daher einschlägigen Fächern wie Kochen, Handarbeiten, Säuglingspflege und Kindererziehung breiter Raum zu geben sei. Während die ersten Mädchenschulen ganz vorrangig diese Fächer anboten, hat sich der Kanon heute um allgemeinbildende Fächer erweitert, auch dies mit dem Einverständnis der Gelehrten, da doch eine islamische Gesellschaft auch Lehrerinnen und Ärztinnen braucht, um die gebotene Geschlechtertrennung durchzuhalten, und der Islam der Frau die Beschäftigung mit Bildungsinhalten, die über ihre traditionellen Zuständigkeitsbereiche hinausgehen, nicht untersagt. Wenn aber die Schule ihren Beitrag zur islamischen Erziehung leisten will, so muß sie Jungen und Mädchen vorrangig auf ihre traditionellen Aufgabenbereiche hin erziehen, um nicht das Gefüge der islamischen Gesellschaft ins Wanken zu bringen.

Islamische und säkulare Schulbildung im Konflikt

Der Konflikt zwischen dem religiösen und dem säkularen Schulwesen ist noch nicht ausgestanden. In den meisten Ländern bestehen beide Schultypen nebeneinander, mancherorts sind auch islamische Schulen in die staatlichen Schulen integriert worden. Je weiter die Erziehungsziele und Bildungsinhalte dieser Schulformen aber auseinanderklaffen, desto schwieriger wird die Integration, desto schärfer die Konfrontation. Dieser Konflikt stellt sich besonders den Muslimen im nicht-islamischen Ausland, denen an regulären Schulen nicht einmal ein Minimum an religiöser Unterweisung angeboten wird. Zwangsläufig kommt es zur Entstehung paralleler Schulsysteme, dort in Form von traditionellen islamischen Schulen, hier in Form von Koranschulen, in denen offenbar allzu großer Ehrgeiz auf die Bewahrung der islamischen Moral und Abschottung gegen unislamische Einflüsse verwandt wird. Aus islamischer Sicht sind Ideale wie Objektivität und Wertfreiheit sehr zweifelhaft, denn alles muß in Beziehung stehen zur obersten göttlichen Wahrheit. So wird beklagt, daß die säkulare Erziehung zu viel Wert auf Neutralität lege, Verantwortungsbewußtsein, moralische Werte und sozialen Nutzen aber nicht vermittle. Dieses System, das von menschlicher Selbstüberschätzung anstelle von Gottesfurcht gekennzeichnet sei, habe man nun auch der islamischen Welt aufgezwungen. So ist der Islam bestenfalls noch ein Unterrichtsfach, aber nicht mehr Grundlage und Rahmen der Erziehung insgesamt. Hier wird dringender Reformbedarf zur Reorientierung des Bildungswesens auf islamische Werte und Bedürfnisse hin gesehen.

4. Bedeckt Eure Scham: Jugend und Erwachsenwerden

a) Pubertät und Geschlechtsreife

Die vierzehnjährige Ayshe hatte sich gut in der hessischen Kleinstadt eingelebt. Ihr Vater war als Lagerarbeiter in einem Supermarkt beschäftigt, ihre Mutter putzte nach Feierabend die Verkaufsräume. In der achten Klasse der Realschule hatte sie noch gewisse Schwierigkeiten im Deutschen, sonst kam sie gut mit. Ebenso wie ihre vier Geschwister war sie bei türkischen und deutschen Mitschülern gleichermaßen beliebt. In ihrer Freizeit besuchte sie hin und wieder eine Freundin, an öffentlichen Vergnügungen oder Diskotheken schien sie kein Interesse zu haben. Erst kürzlich hatte sie ihrer Klassenlehrerin erzählt, nach dem Schulabschluß wolle sie eine Lehre beginnen, vielleicht als Verkäuferin oder Büroangestellte, jedenfalls in einem Beruf, den sie in Deutschland und in der Türkei ausüben könnte. Am liebsten wäre sie Stewardess geworden, aber Ayshe wußte, daß ihr Vater das niemals erlaubt hätte. Nach den Sommerferien, die sie bei Verwandten in der Türkei verbracht hatte, erschien sie plötzlich mit einem Kopftuch in der Schule. Es war ihr sichtlich peinlich, und sie murmelte irgend etwas von ihrem Vater und der Tradition. Sie war froh, nicht weiter danach gefragt zu werden. Langsam zog sie sich von ihren Mitschülern zurück, ihr Gesichtsausdruck war ernst geworden. Wenn sie nach der Lehrstellensuche gefragt wurde, wich sie aus, bei Einladungen erfand sie Ausreden. Als die letzte Klas-

senfahrt anstand, sollte Ayshe nicht mitdürfen, aber in ei-
nem langen Gespräch gelang es der Klassenlehrerin, den
Vater zu überzeugen. Es wurden schöne Tage, und als die
Klasse wieder zu Hause war, rief ein Mitschüler Ayshe
aus einem belanglosen Grund zu Hause an. Von nun an
wurde das junge Mädchen morgens vom Vater zur Schule
gebracht und mittags von einem der Brüder abgeholt. Die
letzten Monate ihrer Schulzeit müssen ihr lang geworden
sein. Heute – zwei Jahre später – lebt Ayshe im Haushalt
ihres Onkels in der Türkei. Sie hilft mit, wo sie gebraucht
wird, und hofft, vor ihrer Heirat eine Ausbildung machen
zu können.

Natürlich gibt es viele Gegenbeispiele und ganz anders
verlaufende Biographien junger muslimischer Mädchen in
Deutschland. Dennoch: immer wieder berichten Lehrerinnen und Lehrer sowie Angehörige anderer Berufsgruppen
mit Kontakt zu muslimischen Jugendlichen von plötzli-
chen Veränderungen in Verhalten und Bewegungsfreiheit
besonders von Mädchen. Ratlos sind sie damit konfrontiert, daß begabte Schülerinnen plötzlich die Schule verlassen, mühsam gefundene Lehrstellen nicht angetreten
werden, daß Freizeitangebote nicht mehr genutzt werden
und das vormals unbeschwerte Verhältnis von Geschwistern einer neuen Konstellation weicht, in der jüngere und
ältere Brüder ihre Schwestern bevormunden und überwachen.

Aus Jungen und Mädchen werden Männer und Frauen

Das Erreichen der Geschlechtsreife bedeutet in der islamischen Gesellschaft einen tiefgreifenden Einschnitt. Nicht
genug damit, daß im islamischen Recht die Volljährigkeit
und die Fähigkeit zum Vollzug der Ehe daran geknüpft
werden, gehören Mädchen und Jungen nunmehr endgültig

zur Frauenwelt oder zur Männerwelt mit allen Konsequenzen, die hiermit für Verhalten, Kleidung, Geschlechtertrennung und ihre Rolle in Familie und Gesellschaft verbunden sind. Selbstverständlich bahnt sich diese Zuordnung lange vorher an und beginnt eigentlich mit der Geburt und der geschlechtsspezifischen Erziehung. Als Kinder können aber Jungen und Mädchen noch recht unbefangen miteinander umgehen, da der Geschlechtstrieb noch nicht aktiviert ist. Mit dem Eintritt in die Pubertät endet gewissermaßen die unbeschwerte Kindheit, und der Jugendliche wird zum vollgültigen Mitglied der Gemeinschaft. Die Identifizierung mit der geschlechtsspezifischen Rolle verstärkt sich und wirkt sich auch auf die Beziehungen innerhalb der Familie aus. Väter und Brüder sind von nun an vor allem darum bemüht, die Familienehre rein zu erhalten. Diese aber kann durch nichts so sehr gefährdet werden wie durch das unzüchtige Verhalten einer Frau in Gestalt von Untreue der Ehefrau oder vorehelicher Beziehungen einer Tochter oder Schwester. Die Notwendigkeit, das junge Mädchen streng zu bewachen, führt häufig zu einer Verkrampfung des zuvor unbeschwerten Verhältnisses; erst mit der Heirat entspannt sich die Lage allmählich wieder.

Auch für Jungen ist der Eintritt der Geschlechtsreife einschneidend, wenngleich es nicht in dem Maße äußerlich sichtbar wird. Es ändert sich weder die Kleidung noch das Verhalten, und die Bewegungsfreiheit des Jungen wird mit zunehmendem Alter eher noch größer. Der islamische Moralkodex stellt an ihn zwar dieselben Anforderungen wie an das junge Mädchen, aber in der Praxis sind Verstöße seinerseits weniger tragisch. Der Junge hat keine Jungfräulichkeit zu verlieren, er läuft nicht Gefahr, von seiner Braut wegen vorehelicher Erfahrungen weggeschickt zu werden und kann die Familienehre nicht in derselben Weise verletzen. Die Ungleichbehandlung von Jungen und Mädchen, die sich in dieser Lebensphase und im Bezug auf das Sexualverhalten besonders deutlich zeigt, ist eklatant, wenngleich sie in keiner Weise islamischer Morallehre entspringt.

Die Anforderungen an den Jungen steigen in diesem Alter deutlich und spiegeln die Rolle wider, die er bald als Ernährer einer Familie und möglicherweise auch seiner Eltern spielen soll. Er wird gedrängt, ins Berufsleben einzusteigen und erwerbstätig zu werden, um seinen späteren Aufgaben gewachsen zu sein. Schafft er das nicht, gilt er als unmännlich und unfähig, seinen Pflichten nachzukommen, ein Vorwurf, der für den Sohn ebenso unerträglich ist wie für seine Eltern. Junge Männer geraten in dieser Situation unter enormen Druck und haben häufig erheblichen familiären Widerstand zu überwinden, wenn sie eine längere Ausbildung oder gar ein Studium absolvieren und sich der Eintritt in das Erwerbsleben dadurch verzögert.

Religiöse Pflichten und rituelle Reinheit

Mit der Geschlechtsreife sind Jungen und Mädchen schließlich in vollem Umfang zur Einhaltung der religiösen Pflichten und der rituellen Reinheit angehalten. Neben dem Glaubensbekenntnis zu dem einen Gott und seinem Propheten Mohammed zählen dazu das fünfmal täglich zu verrichtende Ritualgebet, das Fasten im Monat Ramadan, das Almosen und die Pilgerfahrt nach Mekka einmal im Leben, sofern es finanziell und gesundheitlich möglich ist. Für die Gültigkeit des Gebetes notwendig sind die Reinheit der Kleidung und des Ortes, die Hinwendung nach Mekka, die Einhaltung der Gebetszeit und die rituelle Reinheit des Betenden. Diese kann durch eine Reihe von Vorgängen verletzt werden. Die kleine rituelle Unreinheit wird hervorgerufen durch das Berühren unreiner Dinge wie Schweine, Hunde, Blut, Wein oder dergleichen, durch das Berühren der Haut eines Angehörigen des anderen Geschlechtes außer bei enger Verwandtschaft, durch Entleerung von Blase und Darm, durch Bewußtlosigkeit, Schlaf – mit Ausnahme eines kleinen Nickerchens im Sitzen – sowie durch das Berühren der Genitalien. Die Aufzählung macht deutlich, daß der Zustand ritueller Reinheit immer nur von kurzer Dauer sein kann und mehrmals täglich, nämlich vor jedem der fünf Gebete, wieder hergestellt werden muß. Im Falle der kleinen rituellen Unreinheit bedarf es hierzu der kleinen rituellen Waschung, das heißt der Reinigung der Hände bis zu den Ellbogen, der Füße bis zu den Knöcheln und des Gesichtes; außerdem soll mit der nassen Hand über den Kopf gestrichen werden. Wenn kein Wasser vorhanden ist, darf die Reinigung auch mit Sand oder Staub vollzogen werden.

Die große rituelle Unreinheit entsteht durch Geschlechtsverkehr, Menstruation und Geburt und muß nach jedem Geschlechtsverkehr sowie am Ende der Menstruation und vierzig Tage nach der Geburt eines Kindes durch eine Ganzkörperwaschung einschließlich der Haare beseitigt werden. Während der Zeit ihrer rituellen Unreinheit müssen und dürfen Mädchen und Frauen weder das Ritualgebet verrichten noch das Ramadan-Fasten einhalten, sie sind aber angehalten, die versäumten Gebete und Fasttage später nachzuholen oder als Ausgleich ein Almosen zu spenden.

b) Kleiderordnung und Geschlechtertrennung

„Sprich zu den gläubigen Männern, sie sollen ihre Blicke senken und ihre Scham bewahren. Das ist lauterer für sie. Gott hat Kenntnis von dem, was sie machen. Und sprich zu den gläubigen Frauen, sie sollen ihre Blicke senken

*und ihre Scham bewahren, ihren Schmuck nicht offen
zeigen, mit Ausnahme dessen, was sonst sichtbar ist. Sie
sollen ihren Schleier auf den Kleiderausschnitt schlagen
und ihren Schmuck nicht offen zeigen, es sei denn ihren
Ehegatten, ihren Vätern, den Vätern ihrer Ehegatten,
ihren Söhnen, den Söhnen ihrer Ehegatten, ihren Brüdern,
den Söhnen ihrer Brüder und den Söhnen ihrer Schwestern, ihren Frauen, denen, die ihre rechte Hand besitzt,
den männlichen Gefolgsleuten, die keinen Trieb mehr haben, den Kindern, die die Blöße der Frauen nicht beach-
ten. Sie sollen ihre Füße nicht aneinanderschlagen, damit
man gewahr wird, was für einen Schmuck sie verborgen
tragen. Bekehrt euch allesamt zu Gott, ihr Gläubigen, auf
daß es euch wohl ergehe"* (Koran 24: 30,31).

Scham und Kleidungsvorschriften bei Männern und Frauen

Der zitierte Koranvers ist Ausgangspunkt der Überlegungen zur islamischen Kleiderordnung, die sich auf den Begriff der Scham und ihre Definition konzentrieren.

Die Scham des Mannes beschränkt sich nach Ansicht
einiger islamischer Gelehrter auf die Genitalien, andere
beziehen sie auf die Zone zwischen Taille und Knien. Dieser Teil des Körpers sollte also beim Gebet sowie in der
Öffentlichkeit bedeckt sein. Üblich ist es aber in großen
Teilen der islamischen Welt, daß Männer Arme und Beine
bedecken. So fällt der Tourist in Shorts und Unterhemd in
den Straßen von Kairo ebenso unangenehm auf wie Mi-
niröcke und schulterfreie Oberteile. In manchen Gegen-
den beeinflussen auch die Berichte über das diesbezügliche Vorbild des Propheten die Kleidung der Männer. So besteht die traditionelle orientalische Männerkleidung aus
einem langen, weiten Gewand, das durch seinen Schnitt
keine Körperkonturen erkennen läßt, häufig aber erstaun-

lich durchsichtig ist. Vielerorts ist es außerdem üblich, eine Kopfbedeckung und einen Bart zu tragen, wofür es aber keine religiöse Vorschrift gibt. Insbesondere auf der arabischen Halbinsel wird bis heute ganz überwiegend an der traditionellen Männerkleidung festgehalten. Andernorts wird sie von der armen Bevölkerung und von geistlichen Würdenträgern bevorzugt und ist manchmal auch Ausdruck besonders konservativer oder gar extremistischer Gesinnung und Ablehnung europäischer Einflüsse. Hosen, Anzüge und Krawatten kommen aus dem Westen und sind umstritten, wenngleich die Mehrheit der islamischen Gelehrten es heute für zulässig hält, diese Kleidung zu tragen.

Nach dem Vorbild des Propheten sind Männer gehalten, sich einfach und bescheiden zu kleiden. Das Tragen von Goldschmuck und kostbaren Stoffen, insbesondere Seide, ist ihnen verboten. Angesichts der vielen Verstöße gegen dieses Prinzip in den reichen Ölstaaten und in der Oberschicht vieler Länder wird es auch heute immer wieder thematisiert. Dabei dehnen manche Gelehrte das Verbot auf alle Arten von Schmuck aus, auf Luxusartikel wie Goldfeuerzeuge, wertvolle Uhren und kostspielige Herrenaccessoires, dies mit der Begründung, daß all diese Dinge gegen den Geist der Bescheidenheit verstoßen, den besonders Männer in ihrem Äußeren zeigen sollen.

Die Scham der Frau erstreckt sich nach breitem Konsens zumindest auf die Haare und den ganzen Körper mit Ausnahme der Hände und Füße und des Gesichtes. So regelt das islamische Recht verbindlich, daß der ganze Körper einschließlich der Haare verhüllt werden muß, und zwar in einer Weise, die keine Körperkonturen erkennen läßt. Vereinzelt wird der Begriff der Scham noch weiter ausgelegt, und den Frauen wird zusätzlich das Tragen von Handschuhen oder eines Gesichtsschleiers auferlegt. Dabei verbleibt lediglich ein Schlitz für die Augen, der manchmal noch durch einen Netzstoff von außen so gut wie undurchsichtig erscheint. Die konsequente und vollständige Verschleierung ist in der Praxis meist auf die Städte und auf privilegierte Schichten beschränkt; schwere Feldarbeit, die zahlreiche Frauen in ländlichen Regionen der islamischen Welt leisten müssen, ist damit kaum zu verrichten. Hier findet man meist weite Hosen oder Röcke mit einem ebensolchen Oberteil und ein einfaches Kopftuch, das entgegen der orthodoxen Vorschriften den Haaransatz erkennen läßt. Auch die lokale Kultur der einzelnen Länder, die sich jeweils mit den Werten und Normen des Islams vermischt hat, wird deutlich sichtbar. Je weiter man sich geographisch von der Wiege des Islams entfernt, desto geringer wird der Prozentsatz der Frauen, die die klassischen Kleiderregeln einhalten. Musliminnen in Bangladesh tragen in der Regel den gleichen Sari wie Hindus und Christinnen und zeigen so weit mehr Haut als zulässig. Auch in den Ländern südlich der Sahara ist nur der kleinere Teil der Musliminnen aufgrund ihrer Kleidung als solche zu erkennen. Seitens der Gelehrten gibt es heftige Propaganda gegen ein solches Lokalkolorit und zugunsten der Einheit aller Muslime, die auch in äußeren Dingen ihren Ausdruck finden und dokumentiert werden soll.

Die Kleidervorschriften treten mit der Geschlechtsreife in Kraft; erst dann findet der Begriff der Scham Anwendung und die Blöße dieser Körperteile gilt als moralische Gefahr. Dennoch kommt es vor, daß bereits deutlich jüngere Mädchen nach strengen Vorschriften gekleidet sind, manchmal sogar bereits im Kindergartenalter Kopftücher tragen. Dieser vorauseilende Gehorsam erklärt sich wohl teilweise aus dem Bestreben, lieber zu übertreiben als etwas zu versäumen, ist aber meist eine erzieherische Maßnahme und Vorbereitung auf die später einzuhaltenden Regeln, die dann nicht abrupt von einem auf den anderen

Tag in Kraft treten. So lernen Mädchen bereits früh, auf ihre Kleidung zu achten, und werden auch als erwachsene Frauen permanent deren korrekten Sitz überprüfen.

Westliche Mode hat in den letzten Jahrzehnten vor allem in den Städten Einzug gehalten und wird von Frauen getragen, die sich damit oft bewußt von der Tradition oder gar von der Religion selbst distanzieren wollen. Die Geistlichkeit verbietet jede Art westlicher Mode für Frauen, da diese den Körper nur unzureichend bedeckt und man gleichzeitig befürchtet, daß mit der Kleidung auch die vergleichsweise lose westliche Moral angelegt werden könnte. Enge Hosen sind verboten, weil sie die Körperkonturen erkennen lassen und die Frau nicht versuchen soll, dem Mann zu gleichen.

Die Kleidervorschriften gelten beim Gebet und immer dann, wenn Frau und Mann mit Angehörigen des jeweils anderen Geschlechtes zusammenkommen könnten, die nicht ihre Ehepartner sind oder so enge Verwandte, daß eine Heirat ausgeschlossen wäre, in jedem Falle also in der Öffentlichkeit. Sie gelten nicht an Orten, die ausschließlich einem Geschlecht vorbehalten sind, also beispielsweise im öffentlichen Bad für Männer oder einem Schwimmbad für Frauen, noch zu Hause im engeren Familienkreis. Viele Frauen tragen auch hier den ganzen Tag die islamische Kleidung, entweder weil sie häufiges Umziehen vermeiden wollen oder weil sie jederzeit mit Besuch rechnen müssen. Ihrem Ehemann gegenüber ist die Frau dagegen angehalten, sich zu schmücken und ihre Reize zu betonen. Es ist ihr erlaubt, Schmuck und edle Stoffe zu tragen, und wenngleich Parfum und Schminke in der Öffentlichkeit umstritten sind, so spricht doch nichts dagegen, den eigenen Ehemann damit zu erfreuen. In orientalischen Basars kann man tief verschleierte Frauen bei der Auswahl der aufreizendsten Dessous beobachten. Was uns als paradox erscheinen mag, ist Spiegel der islamischen Moral, die für das Leben in der Ehe einerseits und in der Öffentlichkeit andererseits grundverschiedene Verhaltensmaßstäbe vorgibt.

Die Verschleierung der Frau ist nicht zufällig eine unserer Hauptassoziationen mit der islamischen Welt. Tatsächlich wird ihr innerhalb dieses Kulturraumes und besonders im Nahen und Mittleren Osten große Bedeutung beigemessen, und die Einhaltung der traditionellen Kleidervorschriften durch die Frauen gilt als einer der wesentlichen Gradmesser für die rechte islamische Orientierung einer Gesellschaft. Der Schleier ist ein zentrales Merkmal islamischer Identität und grenzt Musliminnen deutlich und sichtbar von Nicht-Musliminnen ab. Versuche, die islamische Kleidung aus der Öffentlichkeit zu verbannen, wie sie seinerzeit von Atatürk oder dem Schah von Persien sowie heute vereinzelt in europäischen Ländern unternommen werden, sind ein schwerer Angriff auf das muslimische Selbstverständnis. In den letzten Jahren ist die Tendenz zu islamischer Kleidung deutlich gestiegen, und die Propaganda aller Kräfte, die auf eine strenge Einhaltung der islamischen Ordnung in der Öffentlichkeit abzielen, konzentriert sich auf die Kleiderordnung. Die Schriften über die Vorzüge des Schleiers sind nicht zu zählen und betonen durchweg, dieser sei keineswegs Zeichen der Unterdrückung, sondern vielmehr ein Schutz für die Frau, der ihr erlaube, sich freier zu bewegen und alles zu tun, was für sie vorgesehen ist.

Die Trennung der Geschlechter

„Wo Mann und Frau unbeobachtet zusammen sind, da ist der Teufel der Dritte." Nach diesem Ausspruch des Propheten Mohammed genügt die Einhaltung der Kleidervorschriften allein nicht zur Aufrechterhaltung der islamischen Ordnung. Als legitime Beziehungen zwischen

Mann und Frau anerkennt der Islam neben enger Verwandtschaft nur die Ehe; einfache Freundschaft und ungezwungener Umgang zwischen den Geschlechtern erscheinen wegen der großen sexuellen Anziehung unmöglich und verheißen nichts Gutes. Insofern sollen spätestens ab der Geschlechtsreife jedes unbeobachtete Zusammensein unterbunden sowie der in der Öffentlichkeit unvermeidliche Kontakt zwischen Frauen und Männern auf ein Minimum reduziert werden. Diese Regel prägt in sehr unterschiedlichem Ausmaß das öffentliche Leben islamischer Länder. Selbst in der säkularen Türkei wird man beim Kauf einer Fahrkarte für den Überlandbus von einer Stadt zur anderen feststellen, daß man nach Möglichkeit einen gleichgeschlechtlichen Sitznachbarn erhält. Cafés und Restaurants weisen durch ein Schild eigene Räumlichkeiten für Frauen und Familien aus. Schulen sind so gut wie überall nur bis zum Ende der Primarschulzeit koedukativ, in jedem Fall sitzen Mädchen und Jungen getrennt. In vielen Bereichen, sei es bei Festen, in der Großfamilie oder in öffentlichen Gebäuden sitzen Männer und Frauen sichtbar getrennt. In Saudi-Arabien wird das Prinzip der Geschlechtertrennung mit solcher Konsequenz umgesetzt, daß fast ein duales System entstanden ist mit eigenen Banken, Bibliotheken, Krankenhäusern und Sporteinrichtungen für Frauen sowie eigenen Sprechstunden bei Behörden und separaten Busabteilen. An Universitäten gibt es ebenso wie im Iran und anderen konservativ-islamisch ausgerichteten Staaten eigene Mädchenfakultäten, in manchen Fachbereichen indes lediglich eigene Hörsäle, in die die Vorlesungen männlicher Professoren übertragen werden. So wird direkter Blickkontakt vermieden, und den Studentinnen wird darüber hinaus empfohlen, ihre Fragen auf einen Zettel zu schreiben und nach vorne zu leiten, um niemanden durch ihre Stimme zu reizen. Eine Minderheit von Religionsgelehrten zählt nämlich auch die Stimme zur Scham der Frau und empfiehlt, daß sie in Gegenwart fremder Männer schweigen, zumindest aber die Stimme senken oder verstellen möge.

Die Geschlechtertrennung wird auch im medizinischen Bereich empfohlen, und es ist sehr umstritten, ob Männer überhaupt eine Spezialisierung wie Gynäkologie und Geburtshilfe wählen sollten. Die Untersuchung und Behandlung durch einen andersgeschlechtlichen Arzt muß dort ihr Ende finden, wo die Scham ihren Anfang nimmt. So darf die Ärztin den unbekleideten Körper eines Mannes ohne Begierde bis zum Nabel und ab den Knien betrachten und untersuchen, auch wenn zweifellos einem männlichen Arzt der Vorzug gegeben würde. Durch die weite Definition der zu bedeckenden Scham der Frau ist praktisch keine Untersuchung durch einen männlichen Arzt möglich, denn bereits das Blutdruckmessen mit aufgekrempeltem Ärmel bedeutet eine Verletzung dieses Intimbereichs. Wenn keine geeignete Ärztin zur Verfügung steht, sollte die Frau zumindest von ihrem Ehemann oder einem engen Verwandten begleitet werden. In Notfällen tritt die Vorschrift zur Geschlechtertrennung außer Kraft, und es dürfen notwendige Behandlung und lebensrettende Maßnahmen unabhängig von der Geschlechtszugehörigkeit von Arzt und Patient durchgeführt werden.

Die Entstehung getrennter Männer- und Frauenwelten ist eine notwendige Konsequenz aus der Geschlechtertrennung und prägt das soziale Leben weiter Teile der islamischen Welt. Die Männerwelt ist sichtbar, denn sie bezieht sich auf die Öffentlichkeit, die Straße, die Arbeitswelt, das Kaffeehaus und die Moschee. Frauen bewegen sich in dieser Männerwelt nur, wenn es sein muß, und dann meist sehr schnell und gezielt, mit gesenktem Blick und als würden sie nicht recht dorthin gehören. Die Welt der Frauen befindet sich in den Häusern und Hinterhöfen und ist von außen nicht einfach einzusehen. Innerhalb der Frauenwelt ist der Umgang miteinander sehr vertraut und für Außenstehende geradezu distanzlos; es scheint nichts zu geben, was die Frauen nicht ausführlich miteinander besprechen. Männer haben hier nicht jederzeit und ohne weiteres Zutritt und müssen sich auf Distanz halten, je nachdem, in welchem Verhältnis sie zu den Frauen stehen. Wo es zu Kontakten kommt, ist die Grenze deutlich spürbar, beispielsweise durch eine getrennte Sitzordnung und das Bemühen der Frauen, Körperfunktionen möglichst zu verbergen, denn auch diese könnten Anstoß erregen oder aufreizend wirken. Meist essen sie getrennt, zumindest aber hinter einem Zipfel ihres Kopftuches und suchen so unauffällig wie möglich die Toilette auf. Während der Menstruation werden sie vor Fremden nicht zeigen, daß sie nicht fasten, um ihren Zustand geheim zu halten. Das Stillen wird dagegen nicht so strikt verborgen. Schließlich werden Frauen im Zusammensein mit Männern den Blick senken und bestenfalls leise sprechen.

Die konsequente Geschlechtertrennung bedeutet für Männer und Frauen Einschränkungen ihres Handlungsspielraumes und Bewegungsfreiraumes. Es ist fraglich, ob Segregation überhaupt frei von Diskriminierung sein kann, zumal wenn sie wie in diesem Fall in ihrer Reinform einen weitgehenden Ausschluß von Frauen aus dem öffentlichen Leben bedeutet. Allerdings ist die konsequente Durchsetzung dieses Prinzips gerade für Mädchen und Frauen aus sehr traditionellen Familien auch vorteilhaft. Väter und Ehemänner werden in dieser Situation eher dem Schulbesuch oder der Erwerbstätigkeit ihrer Töchter und Ehefrauen zustimmen, als unter weniger untadeligen Umständen. Wo aber das gesellschaftliche Leben insgesamt nicht nach dem Prinzip der Geschlechtertrennung eingerichtet ist, kommt es leicht zur Isolation der Frauen.

c) Berufsausbildung und Rollenfindung

Die Orientierung auf die klassische Rollenteilung hin
setzt sich in der Berufswahl und den einschlägigen Emp-
fehlungen der Religionsgelehrten fort.

Die Berufswahl des Mannes

Für Männer steht es nicht zur Debatte, ob sie berufstätig
sein möchten oder nicht. Es wird selbstverständlich als
ihre Aufgabe angesehen, erwerbstätig zu sein und so den
Unterhalt ihrer Ehefrau und Kinder, möglicherweise auch
ihrer Eltern und anderer Verwandter zu bestreiten. Sie
können sich dieser Verantwortung nicht willentlich entziehen und müssen – so sie es doch tun – mit Hohn und
Spott rechnen. Ein Rollentausch zwischen Mann und Frau
ist in der islamischen Welt alles andere als modern und erscheint geradezu absurd. Die Berufswahl wird dem Mann
im Rahmen seiner Begabungen und finanziellen Möglichkeiten weitgehend freigestellt. Er sollte lediglich auf die
Berührung mit unreinen Dingen oder unislamischen
Handlungen verzichten, also beispielsweise nicht in einem Restaurant arbeiten, in dem Alkohol ausgeschenkt
wird, einem Hotel, das an unverheiratete Paare vermietet
oder in einer Fleischerei, in der nicht islamisch geschlach-
tet wird. Ferner soll auf die Einhaltung der Geschlechtertrennung geachtet werden, insbesondere im Erziehungs-
und Gesundheitswesen. Verbote dieser Art schränken die
Berufswahl nicht wesentlich ein, und es gilt grundsätzlich, daß die Haltung, mit der der Mensch seinem Beruf
nachgeht und auch sonst sein Leben gestaltet, ausschlaggebend ist für seine Frömmigkeit und Gottgefälligkeit. In
diesem Rahmen sind Berufe, die kein islamisches Prinzip
verletzen, ethisch gleichwertig. Der Koran spielt an mehreren Stellen auf die Händler an, die der Heimatstadt des

Propheten zu seiner Zeit ihr Gepräge gaben, und weist sie an, ihre Geschäfte am Freitag für die Zeit des gemeinschaftlichen Mittagsgebetes ruhen zu lassen, anschließend aber wieder aufzunehmen. Diese Regel wird so interpretiert, daß der Islam keinen strengen Ruhetag im jüdischen Sinne kennt, aber auch daß das Geschäftsleben mit dem ihm eigenen Gewinnstreben vom Islam hoch geachtet wird und die hiermit befaßten Berufe keineswegs als weniger islamisch gelten können als soziale oder pflegerische Tätigkeiten. Selbst der Beruf des Religionsgelehrten wird an sich nicht höher bewertet als andere Berufe, wenngleich ihm vielleicht aufgrund seiner theologischen Kenntnisse besondere Achtung entgegengebracht wird.

Erwerbstätige Frauen?

Die Berufstätigkeit der Frau wird weitaus komplexer diskutiert, angefangen von der Frage, unter welchen Umständen und in welchem Beruf sie tätig sein darf, bis zu der Frage, ob Erwerbstätigkeit überhaupt mit ihrer Natur und Rolle als Frau zu vereinbaren ist. In jedem Fall darf die Frau ihre primäre Rolle als Ehefrau und Mutter nicht in Frage stellen, und es besteht weitgehender Konsens innerhalb der islamischen Geistlichkeit, daß Frauen nicht infolge von Berufstätigkeit die Zahl ihrer Kinder reduzieren sollten und außerdem gewährleistet sein muß, daß die häuslichen Aufgaben ordnungsgemäß versehen werden. Selbstverwirklichung oder die Entfaltung eigener Talente und Kenntnisse werden als Motive für die Berufstätigkeit der Frau sehr gering geschätzt. Anders verhält es sich mit der ökonomischen Notwendigkeit, die heute manche Frau dazu zwingt, zum Familieneinkommen beizutragen. So ist ihr die Berufstätigkeit an sich erlaubt, wenn sie ihre primären Pflichten als Hausfrau und Mutter nicht vernachlässigt, von ihrem Ehemann die Erlaubnis dazu hat und weiterhin dessen Vormachtstellung in Ehe und Familie akzeptiert. Sind diese Voraussetzungen erfüllt, ist die Frau in ihrer Berufswahl wenigstens theoretisch ebenso frei wie der Mann und muß zunächst nur den Kontakt mit moralisch bedenklichen Dingen und Handlungen vermeiden und auf die Geschlechtertrennung bedacht sein.

Dieses Problem besteht allerdings nicht nur am Arbeitsplatz selbst, der leicht unter diesen Aspekten auszuwählen oder zu gestalten wäre, sondern auch auf dem Weg dorthin und zurück. Kritikern der Frauenarbeit – seien es nun Religionsgelehrte oder die besorgten Väter und Ehemänner – ist der mögliche Kontakt zum anderen Geschlecht auf der Straße und in öffentlichen Verkehrsmitteln ein besonderer Dorn im Auge. Aus den bereits genannten Gründen neigen Frauen zu Berufen im pädagogischen und medizinischen Bereich und kümmern sich als Erzieherinnen, Lehrerinnen, Ärztinnen und Krankenschwestern um Kinder und Frauen. Darüber hinaus haben sie Zugang zu einer Reihe von anderen Berufs- und Hochschulausbildungen. Vom Islam wird ihnen lediglich die Ausübung des Richteramtes und religiöser Funktionen untersagt. Diese Begrenzung geht auf den Koran zurück, der der Zeugenaussage von zwei Frauen vor Gericht so viel Bedeutung beimißt wie der eines Mannes.

„Und laßt zwei Zeugen aus den Reihen eurer Männer (es) bezeugen. Wenn es aber keine zwei Männer gibt, dann sollen es ein Mann und zwei Frauen sein aus den Reihen der Zeugen, mit denen ihr einverstanden seid, so daß, wenn eine der beiden sich irrt, die eine von ihnen die andere erinnern kann" (Koran 2:282). Nach einem breiten Konsens der Gelehrten zeigt dieser Koranvers die Frau als vergeßlich, subjektiv und emotional und daher für das Richteramt nicht geeignet. In den meisten Ländern, in denen der Islam das Rechtssystem prägt, sind Frauen daher auch heute von diesem Beruf ebenso wie von dem des

Staatsanwaltes ausgeschlossen. Bei den religiösen Ämtern kommt noch hinzu, daß die Frau periodisch, nämlich während der Menstruation und vierzig Tage nach der Geburt eines Kindes, rituell unrein und in dieser Zeit unter anderem von der Ausübung des Ritualgebetes ausgeschlossen ist. Schließlich wird auch ganz offen auf das Problem hingewiesen, daß der Anblick einer Vorbeterin die Gedanken der hinter ihr stehenden Männer auf Abwege lenken könnte. So darf die Frau informell eine Gruppe betender Frauen anleiten und sich selbstverständlich in religiösen Fragen bilden. Religiöse Ämter mit einer gewissen Relevanz für Meinungsbildung und Öffentlichkeit wie das des Gemeindevorstehers (Imam), Rechtsgutachters (Mufti) oder religiösen Richters (Qadi) bleiben ihr dagegen verschlossen.

Ein ausgesprochenes Dilemma tut sich auf zwischen der Erwerbstätigkeit der Frau und ihrer untergeordneten Stellung und Gehorsamspflicht gegenüber dem Mann. Diese Ordnung wird vom Koran maßgeblich mit der Tatsache begründet, daß der Mann einer Frau gegenüber unterhaltspflichtig ist und ihre Unterordnung eine Gegenleistung hierfür darstellt. Die Tendenz, daß immer mehr Frauen über ein eigenes Einkommen verfügen und in dieser Hinsicht nicht mehr von ihren Ehemännern abhängen, ist also höchst explosiv, könnte sie doch dazu führen, daß diese Frauen in der Folge auch die Hierarchie innerhalb der Familie in Frage stellen und ihrem Mann den Gehorsam verweigern. Viele muslimische Gelehrte kritisieren die Erwerbstätigkeit von Frauen scharf, obwohl der Islam sie an sich nicht verbietet. Sie beschwören vor allem den Dämon der wirtschaftlichen Unabhängigkeit der Frau als maßgeblichen Faktor moralischen Niedergangs und verweisen in diesem Zusammenhang auch gerne auf das abschreckende Beispiel der westlichen Welt. Gleichzeitig zeichnen die Skeptiker wahre Horrorszenarien vom Zustand des Haushaltes und der Kinder berufstätiger Frauen und appellieren an den Stolz der Männer, ihre Aufgaben in Ehe und Familie so zu erfüllen und Bescheidenheit zu üben, daß auf die Erwerbstätigkeit der Ehefrau verzichtet werden kann. Scharf verurteilen sie sowohl in ihrer Heimat als auch bei Muslimen im Ausland das Bestreben, ohne zwingende Notwendigkeit durch ein doppeltes Familieneinkommen den Lebensstandard heben zu wollen. Es bleibt festzustellen, daß der Prozentsatz berufstätiger Frauen in der islamischen Welt deutlich niedriger liegt als bei Angehörigen anderer Religionsgemeinschaften im selben Land oder in anderen Ländern vergleichbaren Entwicklungsniveaus.

5. Die Scheidung ist Gott verhaßt: das Ende einer Ehe

a) Wege zur Scheidung oder Auflösung der Ehe

Die klassische Form der islamischen Scheidung ist die einseitige Verstoßung der Frau durch ihren Mann, der ihr jederzeit und ohne Angabe von Gründen sagen kann: „Du bist geschieden." Nach einmaligem Aussprechen dieser Formel kann der Mann während der dreimonatigen Wartezeit die ehelichen Beziehungen auch ohne Zustimmung seiner Frau wieder aufnehmen, andernfalls wird die Scheidung rechtsgültig. Sofort geschieden ist die Ehe nach dreimaligem Aussprechen der Scheidungsformel, eine Praxis, die zwar als sündhaft gilt, aber dennoch rechtsgültig ist. Wenngleich der Koran diese Form der Scheidung dem Mann erlaubt, zeigt sich an vielen Stellen das Bemühen, sie gegenüber der vorislamischen Zeit einzudämmen und zu ächten. Nach einem Prophetenwort ist die Scheidung Gott verhaßt und kann nur der letzte Ausweg sein, wenn alles getan wurde, um sie zu verhindern, und es keine Aussicht mehr auf eine Versöhnung der Eheleute gibt. Dann allerdings wird deutlich, daß die Ehe zunächst ein Vertrag und damit auch lösbar ist.

Am Beispiel der Scheidung zeigt sich die oft erhebliche Diskrepanz zwischen Ideal und Wirklichkeit, an der alle Religionen kranken. Trotz des hohen moralischen Anspruchs kann der Mann von seinem Recht auf Verstoßung exzessiv und willkürlich Gebrauch machen, ohne daß wirksam dagegen angegangen werden könnte. Viele

Frauen sind permanent ängstlich bemüht, ihrem Mann alles recht zu machen, um der Verstoßung und dem damit einhergehenden Verlust ihres sozialen Status und häufig auch ihrer Kinder vorzubeugen, obwohl es dem Mann ausdrücklich verboten ist, die Scheidung als Druckmittel einzusetzen. Die Verstoßung wird als ein Recht des Mannes angesehen, das ihm nicht einfach genommen werden kann. Moderne Familiengesetze versuchen zwar, die mißbräuchliche und allzu willkürliche Ausübung dieses Rechtes einzudämmen, teilweise sogar unter Strafe zu stellen, aber in der Praxis hat dies wenig Auswirkungen, zumal die genannten Tatbestände kaum nachzuweisen sind. Meist reduziert sich die Reform in diesem Bereich auf die Pflicht, die vorgenommene Verstoßung binnen einer bestimmten Frist behördlich registrieren zu lassen. Lediglich in Tunesien und der Türkei ist jede Art von außergerichtlicher Scheidung verboten, ein Schutz, der natürlich nur die staatlich registrierten Ehen betrifft, nicht aber die nur religiös geschlossenen Eheverträge.

Die Frau hat ihrerseits kein Recht, ihren Mann einfach zu verstoßen. Sie gilt als sehr emotional, und so wäre zu befürchten, daß sie unüberlegt von diesem Recht Gebrauch machen und es hinterher bereuen könnte. Dennoch bietet ihr der Koran verschiedene Möglichkeiten, die Auflösung der Ehe zu erwirken. Zunächst kann sie sich im beiderseitigen Einverständnis aus der Ehe loskaufen, indem sie ihrem Mann einen bestimmten Geldbetrag als Entschädigung zahlt.

Die richterliche Scheidung kann die Frau beantragen, wenn hierfür bestimmte Gründe vorliegen, über die es im einzelnen zwischen den Rechtsschulen Meinungsverschiedenheiten gibt. Im allgemeinen werden aber folgende Tatbestände als Scheidungsgründe zugunsten der Frau akzeptiert: das Verletzen der Unterhaltspflicht, grausame Behandlung, eine schwere geistige oder körperliche Krankheit des Mannes, von der die Frau bei der Heirat nichts wußte, dauerhafte Impotenz und längere grundlose Abwesenheit von zu Hause, Enthaltsamkeit oder Inhaftierung.

Im allgemeinen sind diese Scheidungsgründe auch Bestandteil der modernen Familiengesetze im islamischen Raum. Dabei gibt es gewisse Unterschiede in der Interpretation der einzelnen Punkte oder es werden andere ergänzt. So gilt in Saudi-Arabien auch der unmoralische Lebenswandel des Ehemannes als Scheidungsgrund. Die längere Abwesenheit oder Enthaltsamkeit könnte die Frau in Versuchung führen, was weder ihr noch der Gesellschaft zuzumuten ist. In Algerien kann die Frau bei Verhängung einer mindestens einjährigen Haftstrafe gegen ihren Ehemann sowie nach viermonatiger Enthaltsamkeit seinerseits die Scheidung einklagen. In Ägypten ist sie hierzu nach einem Jahr unentschuldigter Abwesenheit ihres Mannes berechtigt sowie nach Ablauf eines Jahres von einer mindestens dreijährigen Haftstrafe. In den Nachbarländern gibt es ähnliche Regelungen, wobei die Fristen im einzelnen differieren, in der Regel aber zwischen sechs und zwölf Monaten liegen.

Im Unterschied zum Mann muß die Frau ihre Absicht in jedem Fall begründen, und die Zahl der akzeptablen Gründe ist limitiert. Ein Scheidungsersuchen mit dem Hinweis, ein anderer Mann gefalle ihr besser oder ihr Mann verbiete ihr die Berufstätigkeit, hätte im Geltungsbereich des islamischen Rechtes keine Aussicht auf Erfolg. Hinzu kommt, daß die Frau die Beweislast trägt, insbesondere wenn sie ihren Mann der Verletzung der Unterhaltspflicht oder der schlechten Behandlung bezichtigt. Der Richter bildet sich ein Urteil und entscheidet dann nach seinem Ermessen, indem er die Scheidung ausspricht oder die Klage ablehnt. Schließlich kann die Frau bestimmte Bedingungen in den Ehevertrag aufnehmen, sofern diese nicht gegen islamische Grundsätze verstoßen, und bei Nichteinhalten dieser Bedingungen die Scheidung verlangen.

Am Beispiel der Scheidungsmöglichkeiten für die Frau wird wiederum ein Dilemma deutlich, nämlich zwischen den Rechten, die das islamische Recht ihr in der Theorie zugesteht und den fehlenden Möglichkeiten zu ihrer Wahrnehmung. Es versteht sich von selbst, daß nur sehr wenige Frauen in der Lage sind, sich aus der Ehe loszukaufen. Die richterliche Scheidung wird für die meisten von ihnen, zumal wenn sie Analphabetinnen sind, ihre Rechte nicht kennen, Institutionen wie ein Gericht scheuen und von klein auf gelernt haben, sich unterzuordnen und keine Forderungen zu stellen, unerreichbar bleiben. Aus denselben Gründen bleibt es wenigen Frauen vorbehalten, im Ehevertrag Bedingungen zu stellen und so die Wahrung ihrer Interessen wenigstens teilweise zu sichern.

Der Tod eines Ehepartners führt automatisch und ohne weitere Formalitäten zum Ende der Ehe. Als nichtig und damit geschieden gilt die Ehe, wenn einer der Partner vom Islam abfällt oder wenn in der Ehe zwischen einem Muslim und einer Christin oder Jüdin die Frau zu einer anderen Religion außer dem Islam konvertiert. Umstritten ist, ob religiöse Autoritäten unabhängig von der Absicht des Betroffenen diesen Abfall vom Islam konstatieren können – beispielsweise aufgrund bestimmter Äußerungen oder Verhaltensweisen, die ihnen unislamisch erscheinen –, um dann eine Zwangsscheidung zu erwirken.

Es gibt sehr widersprüchliche Angaben zur Scheidungsrate in islamischen Ländern an sich und im Vergleich zu anderen Kulturkreisen. Innerhalb von Ländern mit gemischtreligiöser Bevölkerung wie beispielsweise Ägypten liegt die Scheidungsrate unter den Muslimen erheblich höher als unter den Christen; während für erstere die Scheidung eine zwar unliebsame aber doch legitime Lösung darstellt, ist sie für letztere im ägyptischen Kontext noch weitgehend tabu. Der Vergleich mit den westlichen Industrienationen ist insofern schwierig, als man die jeweiligen Scheidungsraten beispielsweise in den USA und Ägypten nicht auf die Religion allein zurückführen kann, sondern sich bekanntlich die gesamten sozialen, kulturellen und wirtschaftlichen Rahmenbedingungen darin widerspiegeln. Das Vorurteil, muslimische Männer würden von ihrem unbürokratischen Scheidungsrecht im allgemeinen exzessiv Gebrauch machen, entbehrt zumindest jeder Grundlage.

b) Sorgerecht und Unterhalt

Das islamische Recht unterscheidet beim Sorgerecht zwischen einer juristischen Vormundschaft und der Inobhutnahme und Versorgung des Kindes. Während erstere immer dem Vater oder einem männlichen Verwandten zugesprochen wird, bleiben die Kinder nach einer Scheidung und nach dem Tod ihres Vaters zunächst zur Versorgung bei der Mutter. In der Frage, bis zu welchem Alter die Kinder in weiblicher Obhut bleiben sollten, divergieren die einzelnen Rechtsschulen und Gesetze erheblich. Nach dem klassischen islamischen Recht ist vorgesehen, daß Jungen etwa nach Vollendung des siebten, Mädchen nach Vollendung des neunten Lebensjahres zum Vater gehen; Abweichungen nach oben, bei Töchtern häufig bis zur Eheschließung, sind möglich und hat es immer gegeben. Die heute gültigen Altersgrenzen liegen beispielsweise bei zwölf und fünfzehn Jahren in Marokko, zehn Jahren und dem Heiratsalter in Algerien, sieben und neun Jahren in Tunesien, zehn und zwölf Jahren in Ägypten, sieben Jahren und dem Pubertätsalter in Saudi-Arabien, neun und elf Jahren in Syrien und zehn und fünfzehn Jahren im Irak. Der Richter kann im Einzelfall anders entscheiden, wenn es dem Wohle des Kindes dient, aber es bleibt dabei, daß die Frau nie das volle Sorgerecht erhält und der Vater ab einem bestimmten Alter darauf bestehen kann, die Kinder zu sich zu nehmen. Im Falle einer gemischt-religiösen Ehe schließen das schiitisch-islamische Recht und die schafiitische Rechtsschule das Verbleiben der Kinder bei der andersgläubigen Frau aus. Nach den anderen Lehrmeinungen gelten in diesem Fall dieselben Regeln und Altersgrenzen wie sonst, allerdings nur solange gewährleistet ist, daß die Kinder im Geiste des Islams erzogen werden. Die Praxis zeigt, daß viele Väter in diesen Fällen besonders darauf bedacht sind, ihre Kinder so bald wie möglich gegen unislamische Einflüsse abzuschirmen und in die eigene Familie zu integrieren.

Heiratet die Frau einen Mann, der mit den Kindern nicht eng verwandt ist, so muß sie deren Versorgung an ihre Eltern abgeben, sofern diese nicht mit der Tochter unter einem Dach leben, oder aber an die Familie des Vaters. Diese Regelung dient dem Schutz des Kindes vor sexuellem Mißbrauch sowie dem Schutz des Vaters vor einer Vereinnahmung seiner Kinder durch einen anderen Mann.

Zum Verlust des Rechtes der Frau auf die Versorgung ihrer Kinder führen schließlich auch der Abfall vom Islam, der Versuch, den Kontakt zwischen Vater und Kind durch Umzug in einen entfernten Ort zu unterbinden und die ungünstige Beeinflussung des Kindes in seiner Meinung über den Vater. Ohne Einwilligung des Mannes darf die Frau nur so weit weg ziehen, daß der Vater seine Kinder binnen eines Tages mit Hin- und Rückweg besuchen kann, es sei denn, sie zieht in ihren Heimatort oder in den Ort der gemeinsamen Eheschließung. Während dieses Prinzip bis heute allgemeine Gültigkeit behält, wird daraus auch abgeleitet, daß derjenige Elternteil, bei dem die Kinder leben, dem anderen den Umgang mit den Kindern nicht verwehren darf. Die klassischen Texte schweigen über die empfohlene Häufigkeit dieses Kontaktes, aber analog zum Recht der Frau, ihre Eltern zu sehen, geht man von einem Treffen pro Woche aus.

Nach dem Tod des Vaters wird in der Regel ein männlicher Vormund aus seiner Familie bestellt; lediglich in Tunesien und Algerien können Frauen in vollem Umfang das Sorgerecht über ihre Kinder erhalten. Vielerorts ist es möglich und auch gängige Praxis, daß die Familie des Vaters die Kinder in einem bestimmten Alter zu sich nimmt, in der Regel bleiben sie aber länger bei der verwitweten als bei der geschiedenen Mutter.

Unterhaltsrechte und -pflichten

Das Unterhaltsrecht der Frau ist im Prinzip auf die Dauer der Ehe beschränkt. Darüber hinaus besteht es nach einer Scheidung noch während der dreimonatigen Wartezeit, die die Frau noch in der ehelichen Wohnung verbringen kann. Ist sie schwanger, verlängert sich ihr Anspruch bis zur Geburt oder bis zum Ende der Stillzeit nach der koranischen Verordnung:

„Und die Mütter sollen ihre Kinder zwei volle Jahre stillen. Das gilt für den, der das Stillen bis zum Ende führen will. Und derjenige, dem (das Kind) geboren wurde, hat für ihren Lebensunterhalt und ihre Kleidung in rechtlicher Weise zu sorgen" (Koran 2:233).

Alle weiteren Rechte der Frau sind mit dem Brautpreis abgegolten, der ja ihrer Sicherung im Falle von Scheidung oder Witwenschaft gilt. Wurde der Brautpreis noch nicht voll ausgezahlt, so ist der Rest bei der Scheidung fällig und kann gegebenenfalls bei Gericht eingeklagt werden.

Beim Tod des Ehemannes ist ein eventuell noch ausstehender Teil des Brautpreises aus der Erbmasse zu begleichen, bevor diese der koranischen Erbteilung unterzogen wird. Außerdem ist der Mann gehalten, so Vorsorge zu treffen, daß er im Falle seines Todes den Unterhalt für ein Jahr hinterläßt. „*Und diejenigen von euch, die abberufen werden und Gattinnen zurücklassen, haben ihren Gattinnen eine Versorgung für ein Jahr zu vermachen*" *(Koran 2:240)*. Zweifellos sind viele Muslime finanziell kaum in der Lage, dieser Aufforderung nachzukommen. Als regulären Erbteil erhält die Witwe bei Kinderlosigkeit ein Viertel der Hinterlassenschaft, andernfalls ein Achtel. Im Falle einer Mehrehe muß dieser Anteil unter den Witwen aufgeteilt werden. Die laufenden Unterhaltsansprüche entfallen sofort, denn die Unterhaltspflicht kann nicht vererbt werden.

Die geschiedene oder verwitwete Frau soll idealerweise einige Zeit vom Brautpreis leben können. Hat sie das Geld, über das sie frei verfügen darf, bereits ausgegeben oder bei der Eheschließung auf einen nennenswerten Brautpreis verzichtet, so liegt das in ihrer Verantwortung und berechtigt sie nicht zu weiteren Ansprüchen. Diese Praxis hat oft zu großen sozialen Härten geführt, so daß viele Länder wie beispielsweise Ägypten, Syrien und Kuwait dazu übergegangen sind, die gerichtliche Anordnung von Unterhaltszahlungen für ein bis drei Jahre vorzubehalten, wenn die Frau andernfalls in Not geraten könnte. Dabei geht man davon aus, daß sie nach Ablauf dieser Zeit erneut heiratet oder von ihren Kindern oder ihrer Herkunftsfamilie aufgenommen und versorgt wird.

Für seine Kinder bleibt der Vater unabhängig von ihrem Wohnort unterhaltspflichtig, und zwar bis zur Eheschließung der Töchter und bis zur Erwerbsfähigkeit der Söhne, die etwa mit Erreichen der staatlich festgelegten Volljährigkeit angenommen wird. Die Höhe des Unterhaltes ist abhängig von den jeweiligen regionalen Lebenshaltungskosten und den Möglichkeiten des Vaters, sollte aber im Prinzip so bemessen sein, daß der gesamte Bedarf an Wohnung, Kleidung, Nahrung, medizinischer Versorgung und Ausbildung davon gedeckt werden kann. *„Von niemandem wird mehr gefordert, als er vermag. Einer Mutter darf nicht wegen ihres Kindes Schaden zugefügt werden, und auch nicht einem Vater wegen seines Kindes"* (Koran 2:233).

Eine Unterhaltspflicht der Frau ihrem Mann gegenüber gibt es weder in noch nach der Ehe. Nach seinem Tod bleibt ihr aber in der Regel nichts anderes übrig, als durch eigene Erwerbstätigkeit oder mit Hilfe ihrer Familie für den Unterhalt ihrer Kinder aufzukommen, solange diese nicht selbst dazu in der Lage sind. Für die Großfamilie ist hiermit eine oft erhebliche Belastung verbunden, und die Frau wird gedrängt, so bald wie möglich wieder zu heiraten. Erst wenn sie ein reiferes Alter erreicht hat und möglicherweise im Haushalt eines eigenen Sohnes leben kann, wird ihr Familienstand akzeptiert.

c) Wiederheirat

Prinzipiell wird die Wiederheirat von verwitweten und geschiedenen Frauen und Männern positiv gesehen, denn die allgemeine Empfehlung zur Ehe gilt auch für sie.

Nach einer Scheidung muß die Frau allerdings zunächst eine dreimonatige Wartezeit einhalten, um festzustellen, ob sie schwanger ist. *„Die entlassenen Frauen haben drei Perioden lang zu warten. Es ist ihnen nicht erlaubt, zu verschweigen, was Gott in ihrem Schoß erschaffen hat, so sie an Gott und den Jüngsten Tag glauben. Ihre Gatten haben eher das Recht, sie während dieser Zeit zurückzunehmen, wenn sie eine Aussöhnung anstreben"* (Koran 2:228).

Die Wartezeit, während derer die Frau nicht erneut heiraten darf, gilt aber auch für Frauen jenseits der Menopause, und es werden entweder drei Zyklen oder drei

Monate gezählt. Liegt eine Schwangerschaft vor, so verlängert sich die Wartezeit bis zur Geburt, und das Kind gilt als legitimer Nachkomme seines Erzeugers. Witwen haben dagegen – ebenfalls unabhängig von ihrem Alter – eine Wartezeit von vier Monaten und zehn Tagen einzuhalten, während derer sie nicht erneut heiraten dürfen: *„Und wenn welche von euch abberufen werden und Gattinnen zurücklassen, so sollen diese vier Monate und zehn Tage zuwarten. Und wenn sie das Ende ihrer Frist erreicht haben, so besteht für euch kein Vergehen, wenn sie über sich in rechtlicher Weise verfügen. Und Gott hat Kenntnis von dem, was ihr tut. Und es ist für euch kein Vergehen, wenn ihr Heiratsabsichten gegenüber solchen Frauen andeutet oder bei euch innerlich hegt. Gott weiß, daß ihr an sie denken werdet. Aber vereinbart nichts heimlich mit ihnen, es sei denn, ihr sagt etwas, was sich geziemt. Und entscheidet euch nicht, die Ehe zu schließen, bis die vorgeschriebene Frist zu Ende gegangen ist. Und wißt, daß Gott weiß, was in eurem Innern ist. So nehmt euch vor Ihm in acht. Und wißt, daß Gott voller Vergebung und langmütig ist"* (Koran 2:234f). In diesem Fall dient die Wartezeit nicht nur der Feststellung einer möglichen Schwangerschaft, sondern auch der Trauer um den verstorbenen Mann; diese Trauerzeit der Witwe wird als Recht des Ehemannes angesehen.

Wenn die geschiedene oder verwitwete Frau die Wartezeit hinter sich gebracht hat, kann sie ohne Einschränkung wieder heiraten, allerdings mit dem Risiko, ihre Kinder abgeben zu müssen, wenn sie einen Fremden ehelicht. Solange die Frau die Menopause nicht wesentlich überschritten hat, wird ihr Zustand als unverheiratete Frau immer als ein vorrübergehender angesehen, den es zu beenden gilt. Die Wiederheirat der geschiedenen Frau wird dabei erschwert durch ihr manchmal schon etwas fortgeschrittenes Alter sowie den Umstand, daß sie bereits sexuelle Erfahrungen hat. Im Gegenzug fällt aus denselben Gründen der Brautpreis niedriger aus, was einen gewissen Ausgleich darstellt. Für Witwen gilt im Prinzip dasselbe, allerdings kommt mancherorts erschwerend die Vorstellung hinzu, Witwen brächten Unglück, ein Aberglaube, der mit dem Islam nichts zu tun hat.

Für Männer ist weder eine Wartezeit noch eine Trauerzeit vorgesehen, und sie können sofort nach einer Scheidung oder dem Tod ihrer Frau erneut heiraten. Lediglich bei der widerruflichen Scheidung zählt die Frau als Ehefrau, bis die Scheidung rechtskräftig ist; hat er mit ihr insgesamt vier Ehefrauen – ein heute äußerst seltener Fall –, dann darf er erst nach der endgültigen Scheidung erneut heiraten.

Der Koran thematisiert auch die erneute Eheschließung der voneinander geschiedenen Eheleute und unterscheidet dabei zwei Fälle: *„Und wenn ihr die Frauen entlaßt und sie das Ende ihrer Frist erreichen, dann hindert sie nicht, ihre Gatten wieder zu heiraten, falls sie sich in rechtlicher Weise geeinigt haben"* (Koran 2:232).

Ist die Scheidung aufgrund einer einmaligen Verstoßung und nach Ablauf der Wartezeit rechtskräftig geworden, steht einer erneuten Eheschließung nichts im Wege, allerdings muß ein neuer Ehevertrag geschlossen und ein weiterer Brautpreis gezahlt werden. Anders verhält es sich, wenn die Scheidung durch ein dreimaliges Aussprechen der Verstoßungsformel sofort rechtskräftig wurde, unabhängig davon, daß die Wartezeit in jedem Fall einzuhalten ist. *„Wenn er sie entläßt, so ist sie ihm nicht mehr erlaubt, ehe sie nicht einen anderen Gatten geheiratet hat. Wenn dieser sie entläßt, dann ist es für sie kein Vergehen, wieder zueinander zurückzukehren, wenn sie meinen, die Bestimmungen Gottes einhalten zu können. Er macht sie deutlich für Leute, die Bescheid wissen"* (Koran 2:230).

In diesem Fall ist die Wiederheirat also erst möglich, wenn die geschiedene Frau nach Ablauf der Wartezeit einen anderen Mann geheiratet und mit diesem die Ehe vollzogen hat, die Ehe dann durch Scheidung oder Tod des Mannes aufgelöst wurde und sie erneut die Wartezeit absolviert hat. Diese Regelung soll die Frau vor einer überstürzten Verstoßung bewahren und dem Mann eine Lehre sein; er muß auf die erneute Eheschließung nicht nur eine geraume Zeit warten, sondern sich außerdem damit abfinden, daß seine Frau zwischenzeitlich sexuelle Erfahrungen mit einem anderen Mann sammelt.

6. Als Gläubige gehört ihr zueinander: Familie im Kontext

a) Individuum und Familie

Die fortgeschrittene Individualisierung unserer westlichen Gesellschaft zeigt sich auf vielfältige Weise. Größe und Bedeutung des Familienverbandes nehmen ab, und Entscheidungen wie die Berufs- oder Partnerwahl werden fast ausschließlich nach persönlichen Gesichtspunkten und ohne Einbezug der Familie gefällt. Immer mehr Menschen leben in Kleinstfamilien oder Single-Haushalten. Kinder und Jugendliche entwickeln ihre eigenen politischen und religiösen Überzeugungen und gestalten ihr Leben mit Selbstverständlichkeit anders als die Eltern und häufig eher in Abgrenzung von deren Werten und Idealen als in Anlehnung daran. Viele Eltern halten es gar für unabdingbar im Sinne einer gesunden Persönlichkeitsentwicklung, daß jedes Kind sein eigenes Zimmer hat.

Bis auf wenige Ausnahmen, die meist in der Oberschicht zu finden sind, stellen sich muslimische Gesellschaften diesbezüglich ganz anders dar. Zunächst führen ökonomische Faktoren, die nicht auf die islamische Welt beschränkt sind, zu einer vorrangigen Berücksichtigung familiärer Interessen. Auf dem Lande leben Familien häufig auch als Produktionseinheit zusammen, das heißt, sie bewirtschaften gemeinsam ein kleines Stück Land, und jedes Familienmitglied hat von der Aussaat über die Aufzucht und Ernte bis zur Verarbeitung und Vermarktung seine Aufgabe. Die gegenseitige Abhängigkeit von Individuum und Familie ist so groß, daß kein Mitglied des Verbandes ungestraft ausscheren kann durch eine eigenwillige berufliche Entscheidung oder die Heirat einer Frau oder eines Mannes, die oder den die Familie nicht zu akzeptieren bereit ist. Das islamische Erbrecht führt unter Umständen zu einer Aufsplitterung des Grundbesitzes in kleine Parzellen, die nicht mehr sinnvoll zu bewirtschaften sind; die Familie wird in solchen Fällen Wert legen auf eine Verwandtschaftsehe, um zu einer innerfamiliären Einigung zu kommen.

Der Islam als Religion trägt zu dieser Familienorientierung der Gesellschaft weit über die Agrargesellschaft und den ländlichen Raum hinaus bei. Bei seiner Entstehung zu Beginn des 7. Jahrhunderts n. Chr. fand er eine Gesellschaft vor, die in Stämmen und Sippen organisiert war und in der die diesbezügliche Zugehörigkeit des Menschen seine Identität und seinen sozialen Status bestimmte. Während die neue Religion die Gleichheit aller Gläubigen vor Gott ungeachtet ihrer Herkunft propagierte, stellte sie diese Einbindung des einzelnen in familiäre Zusammenhänge an sich nicht in Frage. Der Koran legt ein beredtes Zeugnis dafür ab und berichtet von der Unterstützung, die Mohammed durch seine Angehörigen erfuhr, aber auch von den Feindseligkeiten seiner Gegner, die sich über seine Person hinaus auf seine ganze Sippe erstreckten. Insgesamt warnt die islamische Ethik vor Egoismus und Eigennutz und mahnt zur Wahrung der familiären Interessen. Dabei würden viele zweifellos so weit gehen zu sagen, daß eine Entscheidung, die nicht im Interesse der Familie liegt, auch dem Glück des einzelnen nicht dienlich sein könne.

In der Identitätsfindung der Kinder und Jugendlichen wird dieses Phänomen besonders deutlich. Wenn es hierzulande geradezu als notwendiger Bestandteil einer eigenständigen Entwicklung angesehen wird, daß die Heranwachsenden sich von den Überzeugungen ihrer Eltern distanzieren, gilt im traditionellen islamischen Umfeld die Übernahme der elterlichen Normen und Werte als Selbstverständlichkeit, die Distanzierung davon zumindest als ungehörig, wenn nicht gar als Skandal. Natürlich ist dieser Anspruch nicht mehr ungebrochen, und viele muslimische Eltern beklagen besonders in den Großstädten und im nicht-islamischen Milieu die abweichende Entwicklung ihrer Kinder. Dennoch ist die Stringenz in der Orientierung bemerkenswert, und es fällt auf, daß zwar etliche Muslime nicht nach den Vorschriften des Islams leben, aber nur wenige sich grundsätzlich von der Religion distanzieren. Die Mehrheit wird dagegen unabhängig von der Generation zumindest nach außen an der Überzeugung festhalten, daß der Islam als Religion der Wahrheit die beste Orientierung zum Leben gebe, auch wenn man dieser gerade aus persönlichen Gründen nicht folgt.

Selbst in den Großstädten sind allein lebende Menschen eine Ausnahme und werden von ihrem Umfeld oftmals kritisch beäugt. Viel häufiger leben kinderreiche Familien auf engem Raum, zweifellos vor allem aufgrund des angespannten Wohnungsmarktes und der mangelhaften finanziellen Ausstattung der meisten Familien. Das enge Zusammensein mit der Familie wird – sei es aus Überzeugung oder aus Gewohnheit – in der Regel als normal und angenehm empfunden, wohingegen ein Bedürfnis, sich zurückzuziehen, im allgemeinen wenig ausgeprägt ist. Bei freundschaftlichen Kontakten zwischen Europäern und Muslimen kommt es hier häufig zu Mißverständnissen, weil der Europäer sich von der Gastfreundschaft der orientalischen Familie manchmal geradezu erdrückt fühlt und sein Bedürfnis nach Alleinsein als Affront ausgelegt wird, während muslimische Studenten in Europa sich beispielsweise am Anfang oft schwer tun mit ihrer Abgeschiedenheit im Einzelzimmer des Studentenwohnheimes und der

Tatsache, daß scheinbar jeder mit sich selbst beschäftigt ist. Natürlich wird eine solche Betrachtung nicht jedem individuellen Denken und Leben gerecht, sondern kann nur eine grundsätzliche Tendenz aufzeigen, die weit mehr auf die allgemeinen Lebensbedingungen als auf religiöse Überzeugungen zurückzuführen ist.

Die Bedeutung der familiären Beziehungen drückt sich auch in der Namensgebung aus. Bevor in den muslimischen Ländern Familiennamen nach europäischem Vorbild eingeführt wurden, war die familiäre Herkunft häufig Bestandteil des Namens; teilweise setzt sich das in den heute gebräuchlichen Familiennamen fort. Üblich ist es in weiten Regionen der islamischen Welt, daß ein Kind zusätzlich zu seinem Rufnamen den Beinamen ‚Sohn des' oder ‚Tochter des', ergänzt durch den Vornamen des Vaters, selten auch der Mutter erhält. Umgekehrt heißen Eltern mit der Geburt des ersten Kindes beispielsweise ‚Abu Mohammed' (Vater des Mohammed), oder ‚Umm Khadija' (Mutter der Khadija) und werden künftig innerhalb und außerhalb der Familie mit diesem Namen angesprochen. Wenn das erste Kind ein Mädchen ist, wird der Name bei der Geburt des ersten Jungen in der Regel ausgetauscht. Im Türkischen ist es darüber hinaus üblich, daß insbesondere ältere Familienanghörige nicht mit ihrem Namen, sondern mit der Verwandtschaftsbezeichnung angesprochen werden, so die ältere Schwester mit ‚abla' oder der ältere Bruder mit ‚agabey'. Auch Fremden gegenüber werden diese Anredeformen je nach Alter und gebührendem Respekt gebraucht.

Individuelle Freiheit und Familie im Konflikt

Zu den Lieblingsthemen westlicher Klischeebildungen über den Islam zählt die Ehe zwischen einem Muslim und einer Europäerin mit ihren angeblich absehbaren katastrophalen Konsequenzen.

110

Im Herbst 1983 lernte die dreiundzwanzigjährige Medizinstudentin Sabine in Frankfurt ihren Studienkollegen Mahmud kennen, einen jungen Mann aus dem Irak, der sie beeindruckte durch seine offene Art, seinen Humor, seine Zielstrebigkeit und sein ausgezeichnetes Deutsch. Sabine und Mahmud freundeten sich langsam an, und Sabines Vorbehalte und Befürchtungen gegenüber dem Islam und der Stellung der Frauen dort schwanden nach und nach. Keines ihrer Vorurteile wurde von Mahmud bestätigt, statt dessen schien er ihr offener und toleranter als manche ihrer deutschen Studienkollegen, behandelte sie äußerst respektvoll und war in jeder Hinsicht hilfsbereit. Beide fühlten sich religiös nicht sonderlich gebunden und sprachen so nur selten über die unterschiedliche Religionszugehörigkeit. Mahmuds ausgesucht höfliches Verhalten konnte trotz anfänglicher Skepsis auch Sabines Eltern für ihn gewinnen. Gegen Ende des Studiums heirateten beide, bezogen eine gemeinsame Wohnung und konzentrierten sich auf die Abschlußprüfungen. Sie wünschten sich Kinder, aber Mahmud konnte gut verstehen, daß auch für Sabine zunächst der berufliche Einstieg im Vordergrund stand. Mahmud war zum Medizinstudium nach Deutschland gekommen, um anschließend seinen Landsleuten nützlich zu sein. Immer häufiger dachte er nun an seine ursprünglichen Ziele und an seine Familie und berichtete Sabine zunächst zögerlich von seinen Gedanken und Gefühlen. Zu seinem großen Erstaunen war sie keineswegs abgeneigt, für einige Zeit in die Heimat ihres Mannes zu gehen, um endlich dessen Umgebung und Familie kennenzulernen. Die Reisevorbereitungen waren schnell getroffen, und bereits wenige Wochen, nachdem der Entschluß gefallen war, wurden Sabine und Mahmud von vielen Mitgliedern ihrer irakischen Familie in Bagdad in Empfang genommen und in Mahmuds Heimatstadt Kufa begleitet. Sabine schluckte, als sie die beengten Wohnverhältnisse ihrer Schwiegereltern sah, in denen neben der Familie ihres Schwagers nun auch ihr und ihrem Mann ein Platz zugewiesen wurde, nur vorübergehend, wie Mahmud ihr versicherte. Ihre Schwiegereltern waren sehr freundlich und zuvorkommend zu Sabine, auch wenn die Verständigung schwierig war. Eigentlich hatte sie keinen Grund zur Klage, fühlte sich aber ständig beobachtet und mit guten Ratschlägen bezüglich ihrer Kleidung und ihres Verhaltens in Familie und Öffentlichkeit überhäuft. Richtig erschrocken war sie über die Selbstverständlichkeit, mit der alle davon ausgingen, daß Sabines Kinder einmal islamisch erzogen würden. Um eine Stelle zu finden, hätte sie Mahmuds Hilfe benötigt, aber er hielt sich merkwürdig zurück und sprach wie mit den Worten seiner Mutter immer häufiger davon, wie schön es wäre, Kinder zu haben. Ab und zu ging er freitags mit seinen Verwandten in die Moschee; Sabine konnte sich nicht erinnern, daß er in Deutschland je solche Interessen gezeigt hatte. Er blieb ihr gegenüber liebenswert und freundlich, aber wann immer es Meinungsverschiedenheiten gab über Kinder, Sabines Berufstätigkeit oder die Frage, ob sie außerhalb des Hauses nicht besser ein Kopftuch trüge, spürte sie, wie hin- und hergerissen Mahmud plötzlich war zwischen dem Verständnis für ihre Situation und ihre Wünsche auf der einen und für die Interessen der Familie auf der anderen Seite. Alles war plötzlich Familiensache, nichts konnten Mahmud und Sabine alleine und frei entscheiden.

Es gibt zahlreiche Belege dafür, daß die Ehe zwischen einer Europäerin und einem Muslim gelingen kann und nicht von vornherein zum Scheitern verurteilt ist. Dennoch kommt man nicht daran vorbei, daß viele dieser Verbindungen in eine ernsthafte Krise geraten, wenn die Familie vom europäischen in den islamischen Kontext übersiedelt und von der Ehefrau plötzlich die Einhaltung islamisch-orientalischer Gepflogenheiten erwartet wird. Häufig wird dem Mann dann fälschlich unterstellt, er habe seine Offenheit und Toleranz beim Grenzübertritt eingebüßt oder gar von vornherein nur vorgetäuscht; tatsächlich ist wohl weder das eine noch das andere der Fall. Die Familie ist nicht nur Orientierung und Rückhalt für den einzelnen, sondern sie ist auch Kontrollinstanz zur Einhaltung religiöser Werte und allgemeiner Normen der orientalischen Gesellschaft, die mit dem Islam nicht unbedingt zu tun haben. Mit Schuldzuweisungen und Spott kann die Umgebung darauf hinwirken, daß der besagte junge Mann sich mit seiner Frau in den familiären Kontext einfügt und ihr gegenüber die vom Islam vorgesehene Vormachtstellung einnimmt. In dieser Situation kann der Ehemann unter solchen Druck geraten, daß ihm keine freie Entscheidung mehr möglich ist, weil ihm sonst das Leben im Familienverband unmöglich würde.

b) Kleinfamilie und Großfamilie

Seit der Jahrhundertwende hat sich zunächst im gehobenen städtischen Bürgertum der islamischen Welt die Kernfamilie – bestehend aus den Eltern und ihren Kindern – durchgesetzt. In den letzten Jahrzehnten zeigt sich diese Entwicklung partiell auch im ländlichen Raum und in den weniger privilegierten Schichten der Bevölkerung.

Die Großfamilie gestern und heute

Über die Mitte dieses Jahrhunderts hinaus war es im islamischen Raum wie in anderen Regionen der Welt ein absoluter Ausnahmefall, daß der Sohn in nennenswerter Entfernung vom Elternhaus Arbeit suchte und annahm und so das Zusammenleben unter einem Dach unmöglich wurde. Selbstverständlich blieb der älteste Sohn mit seiner Familie bei den Eltern, die weiteren Söhne blieben nach Möglichkeit ebenfalls im Elternhaus, zumindest aber in unmittelbarer Nähe. Entsprechend zogen die Töchter mit der Eheschließung zur Familie ihrer Männer.

Verschiedene Gründe führen heute zur Auflösung von Großfamilienverbänden. So macht es die allmähliche Verarmung des ländlichen Raumes unmöglich, alle Mitglieder einer Großfamilie zu ernähren. Die wirtschaftlich notwendige Mobilität von Arbeitskräften bringt viele Menschen in die Städte hinein, in denen wiederum das Wohnungsangebot für Großfamilien häufig nicht geeignet ist. Zu diesen Rahmenbedingungen kommt sicher auch das Streben der jüngeren Generation nach Freiheit und Unabhängigkeit und der Möglichkeit, das Leben nach eigenen Vorstellungen und ohne Einmischung der Eltern zu gestalten.

Trotz dieser Tendenz leben auch heute sehr viele Muslime im Verband einer Großfamilie, die in der Regel drei Generationen umfaßt, Großeltern, Eltern und Kinder, sowie gegebenenfalls alleinstehende Verwandte, meist geschiedene oder verwitwete Frauen und behinderte Angehörige. Zur Großfamilie gehören so auch Tanten und Großtanten, Onkel und Großonkel, Vettern und Cousinen, Nichten und Neffen. Über ihre Rechtsstellung macht der Koran keine konkreten Angaben, aber gemäß der Anweisung „Und behandelt die Eltern gut und die Verwandten,…" (Koran 4:36) haben sie alle – unabhängig davon, ob sie in einem Haus leben – Anspruch auf respektvolle Behandlung und falls erforderlich finanzielle Unterstützung. Diese Unterhaltpflicht gilt besonders gegenüber alten und behinderten Angehörigen, die innerhalb des Familienverbandes versorgt werden sollen. Die Existenz öffentlicher Einrichtungen für diese Zielgruppen wird von Muslimen häufig als Indiz für Kälte, Materialismus und sozialen Niedergang in der westlichen Welt empfunden.

Innerhalb der Großfamilie gelten grundsätzlich dieselben Prinzipien des Zusammenlebens wie in der Kleinfamilie, ohne daß der Koran den Umgang miteinander im Einzelfall geregelt hätte. Die Rechtsgrundlagen des Verhältnisses zwischen den Eheleuten und zwischen Eltern und Kindern bleiben vom Zusammenleben in der Großfamilie unberührt. Oberhaupt aller ist hier der Großvater, in seiner Abwesenheit und nach seinem Tod die Großmutter oder der älteste Sohn. Grundlage des Zusammenlebens sind die Achtung gegenüber den Älteren und die Liebe zu den Jüngeren, eine Haltung, die von vielen gläubigen Muslimen als ein Herzstück ihrer Religion angesehen wird. *„Und Wir haben dem Menschen aufgetragen, seine Eltern gut zu behandeln. Seine Mutter hat ihn unter widrigen Umständen getragen und unter widrigen Umständen geboren. Die Zeit von der Schwangerschaft bis zur Entwöhnung beträgt dreißig Monate. Wenn er dann seine Vollkraft erreicht hat und (auch) das Alter von vierzig Jahren erreicht hat, sagt er: ‚Mein Herr, gib mir ein, für deine Gnade zu danken, mit der Du mich und meine Eltern begnadet hast, und etwas Gutes zu tun, was Dir wohlgefällt. Und schenke mir Gutes in meiner Nachkommenschaft. Ich wende mich Dir zu, und ich gehöre zu denen, die sich (Dir) ergeben‘"* (Koran 46:15).

Im Koran wird also nur sehr allgemein zu dieser Haltung ermutigt, während ihre Ausdrucksformen sich in den verschiedenen muslimischen Kulturen entwickelt haben und im Einzelfall nicht unmittelbar auf die Religion zurückzuführen sind. Die Achtung, die den älteren Familienmitgliedern gebührt, zeigt sich in Höflichkeit, Zurückhaltung und Gehorsam, aber auch in Gepflogenheiten wie der, daß der Sohn in Gegenwart des Vaters nicht rauchen würde. Dabei kann der Vater ruhig wissen, daß sein Sohn raucht, und hat möglicherweise keine prinzipiellen Einwände, aber das Rauchen in seiner Anwesenheit würde von ihm als Grenzüberschreitung und Verletzung des ihm zustehenden Respektes empfunden.

Schwiegermütter und Schwiegertöchter

Grundsätzlich schulden Kinder ihren Eltern unabhängig vom eigenen Alter Achtung und Respekt. Weder ein bestimmtes Alter noch die Eheschließung schmälern diese Verpflichtung, im Gegenteil erweitert sie sich im Großfamilienverband um die entsprechende Haltung der Schwiegertochter und der Enkelkinder. Es gibt zahlreiche Erfahrungsberichte über die äußerst penible Situation der Schwiegertochter im Haushalt ihrer Schwiegermutter, die vielleicht im Einzelfall nicht repräsentativ sind. Im allgemeinen führen aber zwei Faktoren zu einer sehr engen emotionalen Bindung zwischen Mutter und Sohn; während erstere durch die Geburt des Sohnes die Anerkennung von Familie und Gesellschaft erlangte, ist der Sohn aufgewachsen mit der Idealisierung und sehr hohen Wertschätzung der Mutterrolle. Seine Heirat bedeutet keineswegs einen Schritt zur Loslösung von der Mutter, sondern unterstellt die junge Braut zusätzlich ihrer Autorität. Diese wird häufig als Konkurrenz um die Gunst und Zuwendung des Sohnes empfunden und wird Opfer derselben Repressionen, der auch die Schwiegermutter als junge Frau ausgesetzt war und die sich erst mit der Geburt des ersten Kindes, vor allem eines Sohnes, allmählich legen. Bis dahin hat die Schwiegertochter die unterste Rangstufe im Familienverband, muß die schwersten Arbeiten verrichten und Einmischungen in ihre Ehe dulden, die unter Umständen jede Intimität, jedes ungestörte Gespräch unmöglich machen. Dabei hat sie praktisch keine Möglichkeit, sich gegen Bevormundung und Schikane zur Wehr

zusetzen, und kann selbst von ihrem Mann keine Partei-
nahme gegen dessen Mutter erwarten. Die Achtung seiner
Eltern gilt als Recht des Mannes seiner Frau gegenüber,
und in manchen Ländern wie beispielsweise Marokko verlangt das geltende Familienrecht von der Frau ausdrücklich Respekt und Gehorsam gegenüber den Schwiegereltern. Gleichzeitig gibt die Schwiegermutter ihre Erfahrungen weiter und kann der Schwiegertochter eine wichtige
Stütze sein. So liegt die Kindererziehung im Großfamilienverband bei aller Wertschätzung der Mutter in der Verantwortung mehrerer, meist weiblicher Personen, nämlich der Mutter, Großmutter sowie weiterer verwandter
Personen im Haus. Die Vorstellung, die Kinder müßten
ständig und ausschließlich von ihrer Mutter versorgt und
erzogen werden, existiert in diesem Kontext nicht.

c) Familie und Gesellschaft

Die Familie gilt als Grundbaustein der muslimischen Gesellschaft und als Garant für die Aufrechterhaltung der islamischen Ordnung, die im Großen nur funktionieren
kann, wenn sie im Kleinen grundgelegt wird. Aufgrund
ihres hohen Stellenwertes im islamischen Denken wird
der Familie immer vorrangige Bedeutung gegenüber anderen Mitgliedern der Gesellschaft eingeräumt. Dies gilt für
die Versorgung und Unterstützung hilfsbedürftiger Angehöriger ebenso wie für die Bereiche der Erziehung und
Sozialkontrolle, in denen sich die Familie als wichtiges
Instrument zur Einhaltung religiöser und kultureller Normen zeigt. Die Skepsis vieler Muslime gegenüber fremder, institutioneller Hilfe erstreckt sich so über den bereits erwähnten Bereich der Alten- und Behindertenfür-
sorge häufig auch auf öffentliche Einrichtungen des
Bildungs- und Erziehungswesens, insbesondere wenn an

der rechten islamischen Orientierung dieser Institutionen zu zweifeln ist.

Grenzen zwischen Familie und Gesellschaft

Verschiedene Koranverse, die den familiären Lebensbereich des Propheten sowie das gebotene zurückhaltende Verhalten der Frauen thematisieren, werden von den Gelehrten als Aufforderung zum Schutz der Familie vor den Einblicken Außenstehender interpretiert. Dazu zählen unter anderem die folgenden Verse: *„Die rechtschaffenen Frauen sind demütig ergeben und bewahren das, was geheimgehalten werden soll, da Gott es geheimhält"* (Koran 4:34), und *„O ihr, die ihr glaubt, tretet nicht in die Häuser des Propheten ein – es sei denn, das wird euch erlaubt – zur Teilnahme an einem Essen, ohne auf die Essenszeit zu warten. Wenn ihr dann hereingerufen werdet, dann tretet ein, und, wenn ihr gegessen habt, dann geht auseinander, und (dies) ohne euch einer Unterhaltung hinzugeben... O Prophet, sag deinen Gattinnen und deinen Töchtern und den Frauen der Gläubigen, sie sollen etwas von ihrem Überwurf über sich herunterziehen. Das bewirkt eher, daß sie erkannt werden und daß sie nicht belästigt werden. Und Gott ist voller Vergebung und barmherzig"* (Koran 33:53,59).

In Anlehnung an diese und andere Passagen der Offenbarung wird der Schutz des familiären Intimbereichs, in den niemand unaufgefordert eindringen darf, als hoher Wert postuliert. Das allgemeine Prinzip der Geschlechtertrennung soll das öffentliche Leben prägen, macht aber vor der Familie, in der nur enge Verwandte zusammenleben, die von diesen Regeln ausgenommen sind, halt. Daraus ergibt sich notwendigerweise, daß die Grenze zwischen Familie und Außenwelt nicht einfach überschritten werden kann. Wie die Frau beim Verlassen des Hauses ihre islamische Kleidung anlegt und Mann und Frau außerhalb der Familie einen anderen Umgang mit dem jeweils anderen Geschlecht pflegen, so hat sich auch der außenstehende Besucher innerhalb des familiären Wohnbereichs an genaue Verhaltensmaßregeln zu halten und insbesondere gegenüber den weiblichen Familienmitgliedern gebührende Distanz zu halten.

Verbindendes zwischen Familie und Gesellschaft

Trotz deutlicher Grenzen sind Familie und Gesellschaft auf vielfache Weise ineinander verwoben und sollen wechselseitig für ihre Belange einstehen. Der Zusammenhalt der Gemeinschaft der Gläubigen ist von zentraler Bedeutung und kommt insbesondere im religiösen und rituellen Bereich zum Ausdruck. So soll immer ein Teil der Gläubigen das Ritualgebet gemeinschaftlich in der Moschee verrichten, um stellvertretend für alle die Zusammengehörigkeit der Gläubigen nachvollziehbar zu machen. Aus denselben Gründen wird großer Wert auf die gemeinsamen Gebete und Mahlzeiten in den Nächten des Fastenmonats Ramadan gelegt sowie auf das Opferfest, das am Ende der Pilgersaison in der ganzen muslimischen Welt gefeiert wird. Dabei fällt auf, daß die Muslime sich zu diesen Feierlichkeiten nicht in eine traute Familienidylle zurückziehen, zu der niemand anders Zugang hätte, sondern gerade dann die Gesellschaft der Verwandten, Freunde und Nachbarn suchen. Gleichzeitig unterliegt den religiösen Festen wie dem islamischen Leben insgesamt die ständige Aufforderung zur Solidarität mit den Armen, denen man bei dieser Gelegenheit ein Almosen oder einen Teil des Opferfleisches zukommen lassen soll. Auch auf diesem Wege wird eine enge Verbindung zwischen Familie und Gesellschaft geknüpft. Gleichzeitig ist die muslimische Gemeinschaft zum Schutz des Familienlebens verpflichtet und soll die politischen und wirtschaftlichen Rahmenbedingungen so gestalten, daß die Grundbedürfnisse der Familie gedeckt werden können. Konkret wird beispielsweise die Solidarität bei der Ausräumung materieller Ehehindernisse eingefordert, so daß es wenigstens idealerweise der Allgemeinheit obliegt, stellvertretend für einen mittellosen Gläubigen den Brautpreis aufzubringen, damit dieser in den Genuß der Eheschließung kommt.

Die Frauen- und Männerwelten, die in einer segregierten Gesellschaft entstehen, berühren sich innerhalb der Familie, ragen in diese hinein und werden ihrerseits wiederum von der Familie mitgeprägt. Bei allen aufgezeigten Funktionen, die die Familie erfüllt, bleibt das gleichgeschlechtliche Beziehungsgefüge meist vorrangig vor dem Ehepartner zentraler Ort für die Sorgen und Nöte des Alltags, für Unterhaltung und Freizeit, Austausch und Ratsuche aller Art. In der traditionellen islamischen Gesellschaft können sich die Familie einerseits und die Männer- und Frauenwelt als Teile einer Gesellschaft andererseits gegenseitig nur ergänzen, nicht aber ersetzen.

7. Die islamische Familie zwischen Tradition und Moderne

a) Reformansätze innerhalb des Islams

Zu den beliebtesten und stetig wiederholten Vorurteilen gegenüber dem Islam zählt die Vorstellung von seiner vermeintlichen Reformfeindlichkeit und Entwicklungsunfähigkeit. Wenngleich heute innerhalb der islamischen Welt Strömungen von sich reden machen, denen diese Attribute mit Recht zugeschrieben werden könnten, wäre es doch vollkommen verfehlt, die islamische Religion an sich in dieser Form zu charakterisieren und zu diskreditieren. Bereits in frühislamischer Zeit wurde intensiv darüber nachgedacht, wie im Sinne der neuen Religion Situationen zu regeln seien, die in den religiösen Quellen nicht erwähnt sind. Dabei ging es darum, den Geist des Islams zu wahren, ohne die Möglichkeiten sozialer, technischer, politischer und anderer Weiterentwicklungen in Frage zu stellen. Allgemein bekannt ist die große wissenschaftliche und kulturelle Aktivität von Muslimen in den ersten islamischen Jahrhunderten. Wenngleich dann aufgrund gewisser Entwicklungen innerhalb der Religionsgemeinschaft das innovative Element zurückgedrängt wurde und traditionelle, auf dem Bewährten beharrende Tendenzen die Oberhand gewannen, kann der Islam also nicht an sich als reform- oder gar fortschrittsfeindlich eingestuft werden.

Eine neue Welle innerislamischen Reformdenkens wurde in der Neuzeit durch den Kontakt mit der westlichen Welt erreicht. Im Nachgang zum Einmarsch Napoleons nach Ägypten 1798 kamen die Muslime nach einigen Jahrhunderten weitgehender Isolation und Stagnation zu der schmerzlichen Erkenntnis, daß die nicht-muslimischen Europäer ihnen in vielerlei Hinsicht, nämlich wirtschaftlich, technisch, militärisch, administrativ sowie im allgemeinen Bildungsniveau der Bevölkerung überlegen waren. Durch diesen Zusammenprall der Kulturen wurde das Selbstwertgefühl der Gläubigen – bis dato geprägt von der Vorstellung, Gott stehe allezeit auf ihrer Seite und sorge für ihr Wohlergehen – schwer erschüttert. Kontakte und Austausch wurden intensiviert durch die europäischen Einwanderer und späteren Kolonialherren auf der einen Seite und die Entsendung ägyptischer Studienmissionen nach Europa auf der anderen Seite.

Ein nunmehr einsetzender innerislamischer Reflexionsprozeß zielte nicht auf die unkritische Übernahme europäischer Vorbilder ab, sondern fragte nach den Ursachen für die Rückständigkeit der islamischen Welt in vielen Bereichen. Diese schien nicht auf den Islam an sich rückführbar zu sein, sondern vielmehr auf eine Abweichung vom wahren Islam und erstarrte Traditionen, die nicht dem ursprünglichen Geist der Religion entsprangen. Zum Grundgedanken der Reformer wurde die Unterscheidung zwischen den koranischen Verpflichtungen des Menschen Gott gegenüber und den Vorschriften, die das Zusammenleben der Menschen betreffen. Zur ersten Kategorie gehören der Glaube an sich sowie gottesdienstliche Handlungen wie das Ritualgebet und das Fasten im Monat Ramadan; alle Regeln in diesem Bereich sollten keinen Änderungen unterworfen werden dürfen. Anders sollte es sich nach Ansicht der Reformer mit den Regeln des Zusammenlebens verhalten, die alle anderen Bereiche des islamischen Rechts abdecken, seien es die Körperstrafen, das Zinsverbot oder eben die verschiedenen Aspekte des Familienrechts. Hier forderten sie eine genaue Betrachtung der historischen Rahmenbedingungen, in denen eine solche Vorschrift zu verstehen sei, und ihre Weiterinterpretation im Sinne des Islams, wenn denn die Umstände sich verändert haben.

Frau und Familie im Denken muslimischer Reformer

Ab der Mitte des 19. Jahrhunderts thematisierten einige Gelehrte die unterschiedliche Stellung der Frau und damit des gesamten familiären Gefüges in der westlichen und in der islamischen Welt und erkannten die Unterordnung und mangelhafte Bildung der muslimischen Frau als zentralen Hemmschuh für die Entwicklung ihrer Länder und künftiger Generationen. Der ägyptische Reformer Tahtawi, der mehrfach nach Paris gereist war, publizierte 1873 ein erstes leidenschaftliches Plädoyer für die schulische und berufliche Bildung von Mädchen sowie mehr gesellschaftliche Teilhabe von Frauen. Die Gründung der ersten staatlichen Grundschule für muslimische Mädchen wenig später zeigt, daß es sich hierbei nicht um isolierte, zum Scheitern verurteilte Ansätze einzelner Idealisten handelte, sondern daß diese Forderungen bei allem Widerstand, denen sie ausgesetzt waren, auch einen gewissen Zeitgeist ausdrückten.

Urheber dieses reformorientierten Gedankengutes waren teilweise Religionsgelehrte im engeren Sinne des Wortes, teilweise Intellektuelle und Gelehrte anderer Disziplinen oder Persönlichkeiten des öffentlichen Lebens, die aber gleichzeitig über fundierte theologische Kenntnisse und eine persönliche Bindung an den Islam verfügten. Um die Jahrhundertwende intensivierten der berühmte Theologe und Gelehrte der Azhar-Hochschule in Kairo Mohammed Abduh und sein Schüler, der Rechtsanwalt Qasim Amin, die bereits existierenden Forderungen nach Bildung für Mädchen und Frauen und dachten darüber hinaus über eine Verbesserung ihres Sozialstatus nach. Zu diesem Behufe sollte eine Neuinterpretation des islamischen Familienrechts angestrebt werden, die beispielsweise zu einer Beschränkung der Polygamie und der einseitigen Verstoßung auf wenige Einzelfälle hätte führen sollen. Die Argumentation der Reformer ging weitgehend von der traditionellen Rolle der Frau aus. So galt ihnen ihr Recht auf Bildung und Mitwirkung am öffentlichen Leben weniger als ein Recht der Frau an sich und zu ihrer persönlichen Entfaltung – eine Sichtweise, die wohl auch kaum auf fruchtbaren Boden gefallen wäre. Vielmehr wurde darauf verwiesen, daß die Frau ihre wichtige Funktion als Erzieherin zukünftiger Generationen mit einem gewissen Maß an Bildung besser wahrnehmen könne und so auch ihrem Ehemann eine angenehmere Gesprächspartnerin wäre.

Die politische Rolle von Frauen blieb in diesen Visionen weitgehend darauf beschränkt, daß ihre Hand die Wiege der zukünftigen Machthaber schaukele. Damit soll nicht in Abrede gestellt werden, daß die Reformer dieser Zeit zunächst in Ägypten, aber dann auch in anderen Teilen der islamischen Welt, Herausragendes geleistet haben mit ihrem Versuch, innerhalb des Islams Ansätze für eine Reform des Familienrechtes zu finden, anstatt außerislamischen Vorbildern nachzueifern.

Versuche zu einer Reform des Familienrechts

Auf Mohammed Abduh geht der später von anderen geteilte Ansatz zurück, im Koran selbst das Verbot der Polygamie zu entdecken. Tatsächlich wird die gerechte Behandlung mehrerer Ehefrauen als Voraussetzung für die Zulassung der Polygamie eingefordert, in derselben Sure des Korans aber als unmöglich bezeichnet. Hierin sah Abduh einen Beweis dafür, daß die Polygamie gewissermaßen eine Übergangslösung darstellte in einer Zeit, in der viele Männer kriegerischen Auseinandersetzungen zum Opfer fielen, während Frauen schlecht auf sich allein gestellt sein konnten. Die Umstände, daß die Zahl der legitimen Ehefrauen beschränkt und außerdem eine nicht einhaltbare Bedingung an die polygame Ehe geknüpft wurde, machten für ihn deutlich, daß bis auf sehr wenige Ausnahmefälle die Monogamie Ziel des Islams sei, auf das hin die Rechtsquellen neu ausgelegt werden müßten.

Wenngleich Abduh als Gelehrter große Bewunderung genoß, verhallten seine Forderungen nach politischer Umsetzung dieser und anderer Reformideen im Nichts. Die traditionellen Religionsgelehrten standen solchen Veränderungsbemühungen von Anfang an skeptisch gegenüber und fürchteten um eine Übernahme europäischer Vorbilder und die Schwächung ihrer einflußreichen Position. Tatsächlich haben fast alle muslimischen Länder im 20. Jahrhundert einen Modernisierungsprozeß durchlaufen, in dessen Verlauf das geltende Recht nach europäischen Vorbildern neu ausgerichtet wurde. Das Familienrecht blieb bis auf wenige Ausnahmen, nämlich Tunesien und die Türkei, von diesem Prozeß unangetastet und ist bis heute mit einigen Modifikationen nahezu in seiner Reinform in Kraft. Ein wesentlicher Grund hierfür war der Protest der traditonellen Gelehrten gegen den Modernisierungsprozeß; um ihre Gemüter zu besänftigen, wurde ihnen das Familienrecht als Bastion gelassen. Es geht wohl kaum zu weit zu vermuten, daß eine Besserstellung der Frauen nicht das Hauptinteresse der politischen Drahtzieher dieses Prozesses war.

Es haperte aber nicht nur an der politischen Umsetzung. Im Laufe des 20. Jahrhunderts hat auch die intellektuelle Akzeptanz von Reformgedanken in der innerislamischen Diskussion eher abgenommen. War Mohammed Abduh noch ein anerkannter Theologe, so war bereits sein Schüler Qasim Amin aufgrund seiner bis heute bedeutsamen Bücher ‚Die Befreiung der Frau' und ‚Die neue Frau' heftiger Polemik und Anfeindungen ausgesetzt und starb 1908 einsam und unverstanden. In Ägypten flackerte die Reformbewegung nach der nasseristischen Revolution 1952 erneut auf. In Anlehnung an die Vorbilder Abduh und Amin forderten muslimische Intellektuelle die ständige Anpassung der religiösen Gesetze an veränderte Realitäten und somit die kontinuierliche Weiterentwicklung des Islam. Als einer der größten Protagonisten einer Reform des Familienrechtes und einer Besserstellung der Frau kann der 1985 im Sudan hingerichtete Reformer und Gelehrte Mahmud Taha gelten. Er führte praktisch alle Koranverse, die die unterschiedliche rechtliche Stellung von Mann und Frau postulieren, auf ihren Entstehungszusammenhang zurück und stellte auf dieser Grundlage ihre weitere Gültigkeit in Frage. So sei es, um nur wenige Beispiele zu nennen, angesichts der Tatsache, daß viele Frauen berufstätig sind und zum Familieneinkommen beitragen, nicht länger gerechtfertigt, daß Frauen weniger erben als Männer. Auch die niedrigere Bewertung der Zeugenaussage einer Frau, und sei sie noch so gebildet, müsse man heute hinterfragen. Dasselbe gelte schließlich für die Hierarchie innerhalb der Ehe, die angesichts neuer Rollenverteilungen und eines oft ähnlichen Bildungsniveaus einer allmählichen Tendenz zur Gleichberechtigung weichen müsse.

Freilich ist der Einfluß solcher Denkansätze in der heutigen islamischen Welt relativ begrenzt, sei es in der Freitagspredigt der Moschee, an den theologischen Hochschulen oder in den zahlreichen religiösen Schriften über die muslimische Familie. Einseitige Berichterstattung in den Medien sowie der Umstand, daß die einen weniger laut schreien als die anderen, sollten uns aber nicht zu dem Irrtum verleiten, die moderne islamische Welt habe keine zukunftsfähigen Denker.

b) Frauenbewegungen

Auch im Kampf der Frauen um Emanzipation, Gleichberechtigung und Reformen des Familienrechtes spielte Ägypten eine Vorreiterrolle in der arabischen Welt und fand erst allmählich Nachahmerinnen in den Nachbarländern.

Die Anfänge der Frauenbewegungen

Um die Jahrhundertwende trat in diesem Zusammenhang mit Malak Hifni Nasif (1886–1918), deren Vater den Kreisen um den Reformer Mohammed Abduh angehörte, die erste Frau in Erscheinung. Sie publizierte meist unter dem Pseudonym Bahithat al-Badiya (Forscherin der Wüste) zahlreiche Schriften vor allem zu Fragen der Mädchenbildung und forderte allgemeine Schulgeldfreiheit, berufliche Chancengleichheit, die Zulassung von Frauen zu Moscheen und öffentlichen Ämtern sowie Einschränkungen bei der Verschleierung und Polygamie. Malak Hifni Nasif und der oben genannte Reformer Qasim Amin gelten bis heute als die ideologischen Begründer der reformorientierten Frauenbewegungen, die erstmals heute noch aktuelle Forderungen formulierten.

Vor dem Ersten Weltkrieg entstanden zunächst im Zentrum des Osmanischen Reiches, der heutigen Türkei, später auch in den arabischen Ländern des Nahen und Mittleren Ostens Frauenclubs und -gesellschaften, deren Hauptziel die allgemeine Alphabetisierung, Verbesserung von Gesundheitsstandards, Verbreitung von Familienplanung und die Verwirklichung politischer Rechte für Frauen waren. Mitglieder dieser Vereinigungen waren natürlich nur Frauen der jeweiligen Oberschichten, die über einen gewissen Bildungsstand und ein Minimum sozialer Freiheiten verfügten. Erste politische Aktionen von Frauen in

Ägypten waren die Demonstrationen gegen die britische Kolonialmacht 1919, angeführt von Ehefrauen führender Politiker der nationalen Bewegung, unter ihnen das unvergessene Sinnbild der ägyptischen Frauenbewegung Huda Sharawi sowie die ‚Mutter der Ägypter‘ genannte Safiya Zaghlul. Die etwa 300 Teilnehmerinnen dieser ersten ägyptischen Frauendemonstration bewiesen mit ihrer Aktion ungeheuren Mut. In einer Petition, die sie bei den ausländischen Botschaften einreichten, hatten fast alle noch mit dem Namen ihres Ehemannes oder Vaters unterschrieben.

Huda Sharawi gründete 1922 mit anderen Frauen die ägyptische Frauenunion und blieb über Jahrzehnte Leitfigur der Frauenbewegung in Ägypten und darüber hinaus. Berühmt wurde sie vor allem dadurch, daß sie 1923 bei der Rückkehr von einer internationalen Konferenz für das Frauenwahlrecht in Rom ihren damals in gehobenen Kreisen üblichen Gesichtsschleier demonstrativ in das Hafenbecken von Alexandria warf. In den 1920er und 1930er Jahren gewinnt die Frauenunion an Bedeutung und legt einen immer ausgefeilteren Katalog an wirtschafts-, sozial- und frauenpolitischen Forderungen und Zielen vor. Die Autobiographie Huda Sharawis macht deutlich, mit welcher Leidenschaft die Mitglieder der Frauenunion und ähnlicher Vereinigungen für die Belange von Frau und Familie eintraten und wie weit sie gleichzeitig von der Lebensrealität der überwältigenden Mehrheit ihrer Landsleute entfernt waren. Der Tod Huda Sharawis 1947 löste eine schwere Krise innerhalb der Frauenbewegung aus, die Frauenunion drohte zu sterben und wurde schließlich in eine karitative Einrichtung umfunktioniert. Die eigentliche Nachfolge trat Durriya Shafiq mit der 1948 bis 1954 bestehenden Vereinigung ‚Tochter des Nils‘ an, die neben sozialen und kulturellen Aktivitäten die verfassungsmäßige Verankerung von Frauenrechten in allen Berei-

chen verlangte und damit vehemente Proteste von konservativ-islamischer Seite auslöste. Scheich Hasanain Mah-
luf, der seinerzeit als einer der ranghöchsten Gelehrten der
islamischen Welt gelten konnte, erließ 1952 ein Rechtsgutachten, in dem er das Wahlrecht der Frauen als unvereinbar mit dem Islam bezeichnete. Nach dem Staats-
streich der Freien Offiziere in Ägypten 1952 wurden dort,
allmählich aber auch in anderen Regionen der islamischen
Welt, Forderungen der Reform- und Frauenbewegungen
umgesetzt. Die Bemühungen zur Verbreitung der
Mädchenbildung wurden ebenso intensiviert wie der
Kampf gegen allzu frühe Heiraten und für den Zugang zu
Familienplanung. Frauen übernahmen ganz allmählich,
wenngleich weiterhin vereinzelt, gehobene berufliche
Funktionen, und ihre politischen Rechte wurden staatlich
anerkannt. Dennoch geht in den folgenden Jahrzehnten
der Kampf um wirtschaftliche, soziale und politische
Gleichstellung im Prinzip mit denselben Forderungen
weiter.

Frauenbewegungen heute

Seit den 1970er Jahren prägen neue Persönlichkeiten mit
radikaleren Positionen die arabischen Frauenbewegungen;
die bekanntesten von ihnen sind zweifellos die marokka-
nische Soziologin Fatima Mernissi und die ägyptische
Ärztin Nawal as-Saadawi. Beide üben keine Kritik am Islam an sich, sondern an einer über Jahrhunderte von Männern dominierten und an ihren Interessen ausgerichteten
Interpretation und Umsetzung des Islams, der in seiner ursprünglichen Form eine Religion der Gleichheit der Geschlechter sei. Fatima Mernissi legt in diesem Zusammenhang besonderen Wert auf die Feststellung, dem Propheten
habe kaum etwas mehr am Herzen gelegen als die Gleichheit von Mann und Frau. Ihr dieser These gewidmetes

Buch ,Der politische Harem' wurde seinerzeit in Marokko verboten. Ein besonderer Dorn im Auge ihrer Kritiker ist Mernissis Forderung nach dem Laizismus als gesetzliche Grundlage für die Gleichberechtigung der Geschlechter und die Befreiung des Familienlebens von einseitig autoritären Strukturen, die die Entfaltungsmöglichkeiten von Frauen und Kindern erheblich beschränken. Ein großer Anteil ihrer zahlreichen Schriften ist dem Themenkomplex der Verschleierung und Geschlechtertrennung gewidmet; in teilweise äußerst ironischer Form interpretiert sie die einschlägigen Vorschriften als Indizien für die Schwäche und Verführbarkeit des Mannes, der also gewissermaßen vor sich selbst geschützt werden müsse.

Nawal as-Saadawi diskutiert in ihren ebenfalls sehr zahlreichen Büchern erstmals die Sexualität als ein bevorzugtes Feld der Gewalt und autoritären Beziehung. Als Ärztin kämpft sie mit besonderer Leidenschaft gegen die Mädchenbeschneidung und ihre medizinischen, sexuellen und psychologischen Folgeerscheinungen. Sie wurde mehrmals inhaftiert, einige ihrer Bücher wurden verboten, doch konnten alle Versuche, sie mundtot zu machen, ihre Popularität nur steigern. Nach jahrelangem Kampf erlangte sie 1985 die staatliche Anerkennung ihrer Organisation ,Solidarität arabischer Frauen', in der sie gemeinsam mit der Koptin Marilyn Tadros für eine Vernetzung und Stärkung arabischer Frauenbewegungen kämpfte. Die Organisation zählte bald 500 Mitglieder und war in allen arabischen Staaten vertreten mit Ausnahme der Golfländer, in denen Frauenverbände auf nicht-staatlicher Ebene verboten sind. Die Organisation ,Solidarität arabischer Frauen' machte vor allem durch Vorträge, Informationsveranstaltungen und Publikationen zu verschiedenen frauenbezogenen Themen und dem übergeordneten Ziel der Gleichberechtigung von sich reden. Dem vehementen Protest von konservativ-islamischer Seite innerhalb und außerhalb des Landes hielt die ägyptische Regierung auf Dauer nicht stand; 1991 wurde das Büro der Organisation in Kairo geschlossen, ihre weitere Tätigkeit sowie das Erscheinen ihrer Zeitschrift verboten. Nawal as-Saadawis Aktivität ist ungebrochen; ihre Bücher werden trotz aller Proteste in Kairo frei verkauft.

Eine wichtige Rolle spielen aber auch die vielen feministisch ausgerichteten Schriftstellerinnen der islamischen Welt, unter ihnen Alifa Rifaat in Ägypten, Sahar Khalifa in Palästina, Hanan al-Sheikh im Libanon und Laila al-Osman in Kuwait.

Auch heute ist es das Privileg einer Minderheit muslimischer Frauen, sich in einschlägigen Organisationen zu engagieren und auf kultureller, sozialer oder politischer Ebene mit ihrer Identität und Rolle als Frauen in einer muslimischen Familie und Gesellschaft zu befassen. Der Mehrheit muslimischer Frauen fehlt hierzu – unabhängig davon, ob sie Interesse an diesen Fragestellungen hätten – das notwendige Minimum an Bildung und Bewegungsfreiheit. Auch haben sie von den Errungenschaften der Reform- und Frauenbewegungen bis heute kaum profitiert, ein Umstand, der verdeutlicht, daß der Kampf um die klassischen Ziele der Frauenbewegung – Alphabetisierung, Schulbildung für Mädchen und ein Mindestmaß sozialer und politischer Rechte – noch lange nicht zu Ende ist.

c) Die islamische Reaktion: Männer und Frauen für die islamische Ordnung

Konservativen Gelehrten war von jeher an der Aufrechterhaltung der islamischen Gesellschaftsordnung unter Einbezug ihrer privilegierten und einflußreichen Position in derselben gelegen. Alle Anzeichen von Reform, Neuorientierung der Religion und Emanzipation der Frau lehnten sie mit großer Vehemenz ab als unislamische Irrwege und Kniefälle vor dem trügerischen Vorbild des Westens.

In den 1920er Jahren formierte sich in Ägypten eine Widerstandsbewegung gegen die religiösen Reformer und ProtagonistInnen der Gleichstellung von Mann und Frau. 1928 gründete Hasan al-Banna die Bewegung der Muslimbrüder, zunächst eine Jugendbewegung, die dann aber weite Teile der Gesellschaft erfaßte und auch auf die Nachbarländer übergriff. Geistigen und finanziellen Rückhalt fand die Bewegung schon seinerzeit im späteren Königreich Saudi-Arabien. Bereits 1937 gründete die Islamistin Zainab al-Ghazzali den weiblichen Zweig der Bewegung, die Muslimschwestern. Ähnlich wie andere fundamentalistisch ausgerichtete Bewegungen in der islamischen Welt forderte die Muslimbruderschaft die Rückkehr zum reinen Ur-Islam, die Befreiung von historischem Ballast und den Verzicht auf die Nachahmung nichtislamischer Vorbilder. Eine Radikalisierung ihrer politischen Ziele erfolgte in den 1970er Jahren nach der Niederlage Ägyptens gegen Israel und dem Tode Nassers, der die Bewegung unterdrückt hatte.

Die im weitesten Sinne des Wortes als islamistisch zu bezeichnenden Bewegungen sind heute äußerst vielschichtig im Hinblick auf die Ausprägung und Radikalität ihrer Positionen und die Wege ihrer Umsetzung von der bloßen Propaganda über politische Einflußnahme bis hin zur physischen Gewalt, die von einer Minderheit als legitimes Mittel der Durchsetzung islamischer Lebensweise verstanden wird. Auf der ideologischen Ebene stimmen sie grundsätzlich mit den traditionell-konservativen Kräften des Islams darin überein, daß die Religion von allen Gläubigen verbindlich gelebt werden sollte und ihre Ausübung keine Privatsache ist, über die der einzelne willkürlich befinden kann. Die Vorgaben des islamischen Rechts für die Familie und andere Bereiche des Lebens haben demnach unbedingte Gültigkeit; ihre Neuinterpretation in Abweichung vom koranischen Wortlaut wird abgelehnt.

Eine eigene Wissenschaft hat sich seit der islamischen Frühzeit mit den Begleitumständen der einzelnen Offenbarungen beschäftigt; diese werden also durchaus in den Blick genommen, nach konservativer oder islamistischer Auffassung aber nur insoweit, als die Gültigkeit der Offenbarung damit nicht in Frage gestellt wird. Der Koran ist höher zu bewerten als vergängliche Lebensumstände; im Konfliktfall muß es also immer darum gehen, die Realität wieder dem Koran anzupassen, nicht aber umgekehrt. Die Unterscheidung der Reformer zwischen den ewig gültigen gottesdienstlichen Verpflichtungen des Menschen und den relativierbaren Regeln des Zusammenlebens wird in diesem Zusammenhang abgelehnt. Dem Koran liege nämlich, so lautet die Argumentation, derselbe göttliche Schöpfungsgedanke zugrunde wie der Erschaffung des Menschen. Jeder Koranvers ist demnach als ein Spiegelbild der gottgegebenen menschlichen Natur zu verstehen, die aber im Unterschied zu historischen Umständen vollkommen und keinen Veränderungen unterworfen ist. Die unterschiedliche Behandlung von Mann und Frau in den Rechtsquellen des Islams wird in diesem Zusammenhang damit begründet, daß beide Geschlechter sich eben in dieser gottgegebenen Natur und ihrer daraus resultierenden Bestimmung unterscheiden. Bei dieser Sichtweise wird jede Bemühung um eine Reform des islamischen Familienrechtes oder gar um die Gleichberechtigung von Mann und Frau obsolet. Die öffentliche Meinung in der islamischen Welt wird heute ganz weitgehend von dieser teils konservativen, teils islamistischen Position im Hinblick auf die islamische Familie geprägt. Dies zeigt sich in der Besetzung religiöser Ämter vom einfachen Imam bis zu den ranghöchsten Gelehrten und Rechtsgutachtern, in deren Stellungnahmen zu bestimmten Themen und in dem umfangreichen religiösen Schrifttum, das sich mit den Vorzügen des Islams für Frau und Familie befaßt. Mit großer Ausführlichkeit wird hier ein breiter Themenkatalog behandelt von der Akzeptanz von Parfüm und Make-up für muslimische Frauen über die Bewertung westlicher Kleidung, die Frage, ob eine muslimische Familie ihr Kind im nicht-muslimischen Ausland studieren lassen sollte bis zur aktuellen Bewertung der gemischt-religiösen Ehe und der Berufstätigkeit der Frau und vieles mehr. Verdeutlichen wir uns die gängige Argumentation anhand einiger Beispiele aus dem Familienrecht.

Es besteht ein weitreichender Konsens in der Frage, daß die Zulassung der Polygamie mit der Situation zur Zeit des Propheten in Zusammenhang zu bringen ist. Der Koran selbst spielt auf die Vielzahl unversorgter Witwen und Waisen an, die die Kriege zurückgelassen haben, und fordert gezielt zu ihrer Heirat und damit ihrer Versorgung auf. Wenn aber von Reformern gefordert wird, die Polygamie also auf ähnliche Situationen zu beschränken, eventuell noch auf den Fall der Kinderlosigkeit der ersten Frau auszudehnen, ansonsten aber zu ächten, werden andere Begründungen hinzugefügt. So sei die Polygamie ein von Gott gegebenes Recht des Mannes, das seiner Natur Rechnung trage und ihm von Menschen nicht genommen werden könne.

Ähnlich verhält es sich mit der Gehorsamspflicht der Ehefrau ihrem Mann gegenüber und ihrem eingeschränkten Erbrecht, Tatbestände, die im wesentlichen auf die finanzielle Verantwortung des Mannes für die Familie zurückgeführt werden. Grundsätzlich ist auch die Erwerbstätigkeit der Frau erlaubt, und sie kann und soll, wenn es nötig ist, zum Unterhalt der Familie beitragen. Wenn ihre Berufstätigkeit aber dazu führt, daß sie dasselbe Erbe fordert wie der Mann und ihrem Ehemann den Gehorsam verweigert, so darf sie nicht berufstätig sein. Unterordnung und Gehorsam sollen ihrer gottgegebenen Natur entsprechen, und sie muß davor bewahrt werden, diese zu leugnen. Es gibt einige bemerkenswerte Frauen, die sich mit großer Leidenschaft an diesem Einsatz für die Beibehaltung der islamischen Ordnung beteiligen. Ihre Argumentation zielt dabei eher darauf ab, den Islam als diejenige Religion zu erklären, die die Rechte der Frau am besten verwirklicht. So empfinden sie den Schleier als Schutz vor aufdringlichen Blicken, Übergriffen und der Herabwürdigung zum Sexualobjekt, von der in der westlichen Welt nahezu jede Frau betroffen sei. Die strenge Einhaltung der islamischen Sexualmoral und Geschlechtertrennung sollen das Elend der ledigen Mütter und ihrer Kinder unterbinden. Manche Autorinnen sehen in der Erlaubnis der Polygamie den Vorteil, eine eventuelle Nebenbuhlerin zu kennen und diese mit ihren potentiellen Kindern abgesichert zu wissen, während die westliche Frau die Geliebten ihres Mannes nur erahnen könne. Schließlich werde die klassische Rollenteilung den Möglichkeiten und Grenzen der Frau gerecht, anstatt sie einer permanenten Doppelbelastung von Familie und Beruf und den vielen damit verbundenen moralischen Anfechtungen auszusetzen. Das stark überzeichnete, abschreckende Beispiel des Westens wird in diesem Zusammenhang immer wieder gerne bemüht. Es handelt sich dabei zum einen um eine Reaktion auf die Kolonialzeit und deren Versuche, die islamische Welt aus einem arroganten Überlegenheitsgefühl heraus kulturell dominieren zu wollen. Gleichzeitig sollen die Sympathien von Muslimen für manche Werte, Freiheiten und Lebensauffassungen des Westens im Keime erstickt werden.

Bei den sehr konservativen Gelehrten wie bei den ausgesprochen islamistischen Bewegungen, die mit großer Radikalität versuchen, dem islamischen Recht umfassend Geltung zu verschaffen und alle anderen Elemente auszuschalten, fällt auf, welche besondere Sorgfalt auf die islamgetreue Stellung der Frauen und Gestaltung des Familienlebens gelegt wird. Andere islamische Ideale wie materielle Bescheidenheit und soziale Gerechtigkeit treten demgegenüber leicht in den Hintergund. Jede Propaganda für die Wahrung islamischer Identität oder für die Rückbesinnung auf religiöse Werte zielt auch und vor allem auf die entsprechende Gestaltung des Familienlebens ab. Nur eine Gesellschaft, deren kleinste Bausteine nach der Religion ausgerichtet sind und ihre Werte weitervermitteln, soll ihre muslimische Identität wahren und ausbauen und anderen Verlockungen widerstehen können.

8. Die muslimische Familie in der Fremde

a) Muslimische Identität in einer andersgläubigen Umgebung

Die Situation von muslimischen Familien in einer andersgläubigen Umgebung – nehmen wir hier aus naheliegenden Gründen die Bundesrepublik Deutschland als Beispiel – ist in mehrfacher Hinsicht eine besondere. Zunächst ist es in der innerislamischen Diskussion von jeher durchaus umstritten gewesen, ob Muslime freiwillig in einer nicht-muslimischen Umgebung leben dürfen. Nach der klassischen Lehre sollte der Islam im Nebeneinander mehrerer Religionsgemeinschaften in jedem Fall die Oberhand haben und sich nicht den anderen unterordnen. So galt es als Verpflichtung der Gläubigen, ihre Religion notfalls auch mit militärischen Mitteln zu verbreiten und nach innen gegen andere Einflüsse zu verteidigen. Während heute wohl nur eine sehr kleine Minderheit religiöser Autoritäten für den Heiligen Krieg gegen den Westen im militärischen Sinne des Wortes plädieren würde, ist die Pflicht zur Verteidigung des Islams von unverminderter Relevanz. Früher plädierten viele Gelehrte dafür, daß Muslime ihre Heimat, wenn sie von den Angehörigen einer anderen Religion erobert wurde, verlassen und nach dem Vorbild des Propheten Anschluß an ihre Glaubensgenossen suchen sollten.

Diese Problematik läßt sich durchaus übertragen auf die heutige Situation von Muslimen in Deutschland und anderen Ländern des westlichen Kulturraumes. Sie haben mehrheitlich freiwillig den Geltungsbereich des islamischen Rechts verlassen, zumindest aber, wenn sie aus weniger streng islamischen Ländern kommen, auf die Möglichkeit verzichtet, sehr weitgehend und unbehelligt nach dem Islam zu leben und keine Zugeständnisse an eine andere Kultur machen zu müssen. Von konservativen Gelehrten wird eine solche Entscheidung scharf kritisiert, vor allem wenn sie rein wirtschaftlich motiviert ist und diese Interessen häufig auch zur Berufstätigkeit von Frauen und Töchtern führen mit allen moralischen Konsequenzen, die sich daraus ergeben können. In manchen Ländern werden junge Muslime, die zum Studium ins Ausland gehen, auch auf religiöser Ebene gezielt auf diesen Aufenthalt vorbereitet, damit sich ihr islamischer Glaube festige und sie den Verlockungen westlicher Freiheiten widerstehen.

Die unvermeidbaren Konflikte zwischen islamischer und europäischer Lebensweise, auf die noch eingegangen wird, sind eigentlich recht begrenzt. Vollkommen fremd ist dem islamischen Denken die Privatheit der Religionsausübung und der Vorrang staatlicher vor religiöser Gesetzgebung. Für den einzelnen Muslim ist es von seiner Glaubenslehre her an sich kein Problem, die Geltung eines nicht-islamischen Rechtssystems wie des Grundgesetzes zu akzeptieren und sich ihm gegenüber loyal zu verhalten, solange es ihn nicht massiv in der Ausübung seiner Religion behindert – dies ist objektiv nicht der Fall. Unabhängig von der diesbezüglichen Haltung muslimischer Familien in Deutschland stehen sie aber unter enormem Druck konservativer Kritiker, die ihnen vorwerfen, ökonomische Interessen in den Vordergrund zu stellen und die islamische Identität ihrer selbst und ihrer Kinder aufs Spiel zu setzen. Dies ist umso schlimmer, als der gegenteilige Druck von großen Teilen der deutschen Bevölkerung ausgeübt wird, die Anpassung an hiesige Verhältnisse und Gepflogenheiten verlangen. Gerade muslimische Frauen sehen sich ständig in der Situation, sich für ihre Kleidung rechtfertigen zu müssen, vor konservativen Muslimen, wenn sie europäisch anmutet, vor Deutschen, wenn sie klassisch islamisch ausfällt. Offensichtlich sind hier beide Seiten nicht in der Lage, eine solche Entscheidung als privat und persönlich zu respektieren.

Aus verschiedenen Gründen kann die religiöse Bindung muslimischer Familien durch das Leben in einer andersgläubigen Umgebung geschwächt oder gestärkt werden. Im ersten Fall kommt wohl vor allem der verminderte soziale Druck zum Tragen, und es kann vermutet werden, daß der engen äußeren Bindung an den Islam, wie sie sich in Alkoholverzicht, Kleidung, regelmäßigem Moscheebesuch und vielem mehr zeigen kann, mehr Anpassungszwang zugrunde lag als religiöse Überzeugung. Sicher spielt manchmal auch das Unverständnis der Umgebung eine Rolle, das vom Spott über Ausgrenzung bis zu der Angst, einen Arbeitsplatz zu verlieren, reichen kann. Auch wenn sozialer Druck weiterhin innerhalb der Kleinfamilie und der muslimischen Gemeinde entstehen kann, fehlt die gesamtgesellschaftliche Kontrolle. Umgekehrt werden sich viele gerade in einer nicht-muslimischen Umgebung ihrer eigenen religiösen Identität bewußt und legen plötzlich größeren Wert auf die Einhaltung islamischer Gebote. In jedem Fall gewinnt die Familie als Ort der Vermittlung und Wahrung religiöser Werte und Traditionen in der Fremde an Bedeutung.

b) Islamisches Familienleben im deutschen Kontext

Das Leben muslimischer Familien in Deutschland und anderen Ländern des westlichen Kulturraumes vollzieht sich im Prinzip mit sehr wenigen Ausnahmen nach den allgemein gültigen Regeln, wie sie oben dargestellt wurden. Die offenkundigen Unvereinbarkeiten mit dem hiesigen Gesetz sind sehr begrenzt. Natürlich wird kein Muslim in Deutschland offiziell mehr als eine Frau haben können, was beispielsweise in Fragen der Aufenthaltsgenehmigung oder Familienzusammenführung relevant sein kann. Wenn eine muslimische Ehe durch einen deutschen Richter geschieden wird, so könnte in Fragen des Unterhaltes und Sorgerechtes deutsches Recht zur Anwendung kommen. Die Akzeptanz und Vollstreckbarkeit eines solchen Urteils wäre allerdings fragwürdig.

Zahlreicher sind die Aspekte des muslimischen Familienlebens, die auch in Deutschland problemlos gelebt werden können oder aber zu Konflikten führen, die in der Regel lösbar sind.

Feste und Rituale

Die meisten in Deutschland lebenden Muslime legen Wert auf eine religiöse Eheschließung vor einem Imam. Dieser wird die Trauung vollziehen, wenn nach dem islamischen Recht keine Ehehindernisse bestehen, und zwar unabhängig davon, ob eine zivile Trauung stattgefunden hat, die aus religiöser Sicht bedeutungslos, wenngleich nicht abzulehnen ist. Die rein religiöse Trauung wird allerdings nur in islamischen Ländern mit Ausnahme der Türkei anerkannt, so daß die meisten Muslime schon aus Gründen der Aufenthaltsgenehmigung und hiesigen Registrierung der Ehe eine zivile Eheschließung vorausschicken oder anschließen, sei es auf dem Standesamt oder dem zuständigen Konsulat.

Bestimmte Rituale, die nicht verpflichtend sind, wie das Schlachten von Opfertieren anläßlich der Geburt eines Kindes sind offenbar enger an die kulturelle Umgebung geknüpft und werden hier nur selten praktiziert. Manche Gläubige schicken allerdings als Ersatz das Geld für ein Stück Vieh an Verwandte oder Bedürftige in ihrer Heimat mit der Bitte, an ihrer Stelle das Schlachtopfer darzubringen.

Zur Beschneidung ihrer Söhne reisen viele Muslime in die Heimat, um das Fest mit der ganzen Verwandtschaft zu begehen. Die Zeremonie wird aber auch in Deutschland durchgeführt, in diesem Fall von einem muslimischen Arzt im Elternhaus des Kindes oder auch im Krankenhaus. Gefeiert wird natürlich auch dann, wenngleich nicht mit dem öffentlichen Charakter wie in der islamischen Welt.

Männer und Frauen

Besonders interessant und schwierig dürfte die Frage sein, inwieweit die innerfamiliären Beziehungen und die relative Stellung von Mann und Frau vom Leben in einer nicht-muslimischen Umgebung beeinflußt werden. Man kann darüber nur vage Mutmaßungen anstellen, da wir aus gutem Grunde nur begrenzt Einblick in die inneren Beziehungen muslimischer Familien in Deutschland nehmen können und insofern auch der Aussagewert einschlägiger Untersuchungen zum Thema eher begrenzt sein dürfte.

Die Quote berufstätiger Frauen unter Musliminnen in Deutschland ist erheblich höher als in ihren jeweiligen Herkunftsländern. Erhebungen zufolge war nur etwa ein Viertel der hier erwerbstätigen Frauen auch vorher erwerbstätig. Die Kinderbetreuung wird dabei von öffentlichen Einrichtungen, sehr häufig aber auch von Verwandten hier oder in der Heimat geleistet, eine Lösung, die aufgrund des anderen, breiter angelegten Familienverständnisses kein Befremden auslöst. Die hiermit einhergehende

Selbständigkeit und finanzielle Unabhängigkeit der Frau ist zweifellos problematisch und führt zu Konflikten. Wenngleich die Frauen in dieser Situation vielleicht mehr Mitspracherecht durchsetzen können, bleibt die oberste Autorität beim Mann.

Für Musliminnen in Deutschland bedeutet die Berufstätigkeit neben der Familienarbeit in der Regel eine Doppelbelastung im vollen Sinne des Wortes. Während sie mit der Erwerbstätigkeit eine traditionell männliche Aufgabe übernehmen, fordern sie im Gegenzug keine männliche Hilfe in den traditionell weiblichen Zuständigkeitsbereichen wie Haushalt und Kinderbetreuung ein. Gleichzeitig ist die Unterstützung durch weibliche Verwandte und Nachbarinnen nicht so ausgeprägt wie in der Heimat. Die Erwerbstätigkeit kann also wenigstens theoretisch die Position und Autorität der Frau in der Familie stärken. Dem entgegen steht allerdings das Bestreben traditioneller Muslime, ihre Vorstellungen von Moral und Geschlechtertrennung gerade in einer anders verfaßten Gesellschaft beizubehalten. Man kann sehr häufig beobachten, daß Ehemänner und Väter ihre Frauen und Töchter, die äußerlich keineswegs traditionell muslimisch wirken, von der Arbeit abholen, um eventuelle Gefahren und unkontrollierte Kontakte auf dem Nachhauseweg zu unterbinden. Dahinter steckt nicht der oft fälschlich unterstellte böse Wille, die Bewegungsfreiheit von Frauen so sehr wie eben möglich einzuschränken. Vielmehr ist das Ideal der Geschlechtertrennung als Garant für die Einhaltung islamischer Moral individuell und sozial so tief verwurzelt, daß es vielen Muslimen schwer fällt, sich einen unbefangeneren Umgang von Jungen und Mädchen, Männern und Frauen in der Schule, am Arbeitsplatz, an öffentlichen Plätzen und in Verkehrsmitteln vorzustellen, der nicht gleich zu sexuellen Beziehungen und damit zum schweren Vergehen der Unzucht führen muß. Groß ist die Angst der

Männer vor dem Verlust ihrer Ehre, die sich über das Wohlverhalten der ihnen anvertrauten Frauen – Ehefrauen, Töchter, Mütter, Schwestern – definiert.

Das auf muslimischer Seite weit verbreitete Vorurteil, die westliche Gesellschaft fühle sich an keinerlei Moralkodex mehr gebunden, tut hier sicher ein übriges. Dieses Denken ist aber auch in Ländern wie der Türkei, deren öffentliches Leben relativ wenig von der Geschlechtertrennung geprägt ist, verbreitet. So wird dort und andernorts der vergleichsweise freie Umgang der Geschlechter vor allem in den Städten von traditionellen Muslimen kritisiert, allgemein aber als moralische Gefahr angesehen, vor der die weiblichen Familienmitglieder zu schützen sind. So zeigt sich häufig, daß das Leben in einer andersgläubigen Umgebung wie Deutschland, die kaum noch getrennte Frauen- und Männerwelten kennt, die Bewegungsfreiheit muslimischer Frauen einschränkt. Viele Eltern hätten beispielsweise keine grundsätzlichen Einwände gegen die höhere Schulbildung ihrer Töchter, zögern aber, sie auf eine gemischte Schule, noch dazu im nicht-muslimischen Kontext, zu schicken. Analog liegt der Prozentsatz muslimischer Abiturientinnen an den wenigen verbleibenden Mädchengymnasien in Deutschland erheblich höher als an koedukativen Schulen.

Bildung und Erziehung

Auch das Eltern-Kind-Verhältnis dürfte von diesen Rahmenbedingungen nicht unberührt bleiben. Die Kinder und Jugendlichen sind in der Schule und teilweise auch in der Freizeit permanent mit anderen Wertesystemen und Lebensauffassungen konfrontiert als zu Hause und haben es so leichter, die Autorität ihrer Eltern in Frage zu stellen, als in einer Gesellschaft, die das grundsätzlich mißbilligen würde. Gleichzeitig bedeutet diese Zweigleisigkeit der religiösen und kulturellen Wertesysteme gerade für Kinder und Heranwachsende eine Herausforderung und Belastung, die die der Erwachsenen übersteigt. So liegt es auf der Hand, daß die konkretesten und oft schwierigsten Konflikte islamischen Familienlebens mit deutscher Lebensweise im Bereich der Erziehung und Bildung liegen. Zunächst sind die Grundauffassungen über Sinn und Ziel von Erziehung unterschiedlich. Während deutsche Eltern hier in erster Linie Selbständigkeit, Unabhängigkeit und die Übernahme von Verantwortung zur Herausbildung einer eigenständigen Persönlichkeit nennen, legen beispielsweise türkische Eltern vermehrten Wert auf Leistungsbereitschaft, Gehorsam und die Einhaltung von Vorschriften zur Übernahme der religiösen und traditionellen Werte. Daß viele Muslime daher mit den Bildungsinhalten und Erziehungsmethoden deutscher Schulen nicht zufrieden sind, liegt auf der Hand und bildet einen weiteren Faktor für die Tendenz, muslimische Kinder parallel einer religiösen Unterweisung in einschlägigen Kursen an Moscheen oder einer ausgesprochenen Koranschule zuzuführen. Über die Ausrichtung gerade dieser Koranschulen gibt es viele Gerüchte, die im Einzelfall mit Vorsicht zu genießen sind. Unbestritten dürfte allerdings sein, daß der Unterricht nach hiesiger Auffassung sehr autoritär erfolgt, mehr auswendig gelernt als diskutiert wird und keine Ermutigung zum Hinterfragen und selbständigen Weiterdenken erfolgt. Viele Muslime beklagen, daß die hier beschäftigten Lehrer zwar gute Korankenner seien, aber keinerlei pädagogische Ausbildung hätten. In der ständigen Angst um die muslimische Identität konzentrieren sie sich darauf, die Kinder zum streng islamischen Leben und zur Abgrenzung von Deutschen, aber auch von liberal eingestellten Muslimen anzuhalten.

Die Zweigleisigkeit des Bildungswesens zwischen öffentlichen Schulen und religiösen Schulen gibt es in verschiedenen Ländern, sie ist aber hier besonders ausgeprägt, da der Islam an deutschen Schulen weder als Unterrichtsfach noch als kultureller Hintergund vieler Schülerinnen und Schüler thematisiert wird und die religiöse Unterweisung in Moscheen und Koranschulen oft im Gegenzug keine integrativen Ansätze gegenüber der deutschen Umgebung anbietet. Für die Kinder ist es ungeheuer belastend, ständig mit zwei so unterschiedlichen und einander eigentlich ausschließenden Schulsystemen konfrontiert zu sein, die gleichzeitig zu akzeptieren geradezu schizophren wäre. Es ist nicht weiter erstaunlich, daß manche Kinder und Jugendliche in dieser Situation die religiöse Unterweisung meiden oder ihr nur halbherzig folgen, um den Familienfrieden nicht zu gefährden. Andere hingegen zeigen offen, wie wenig Anerkennung sie ihren deutschen Lehrern und Lehrerinnen und den von ihnen vorgebrachten Bildungsinhalten entgegenbringen.

Viele Muslime in Deutschland kämpfen in dieser Situation um die Einführung von islamischem Religionsunterricht an deutschen Schulen, der vereinzelt schon durchgeführt wird, wenngleich nicht als ordentliches Lehrfach. Viele türkische Kinder erhalten an öffentlichen Schulen im Rahmen des muttersprachlichen Ergänzungsunterrichtes ein Minimum an religiöser Unterweisung. Die entsprechenden Lehrer haben aber oft keine einschlägige Ausbildung und sind vielen Eltern zu liberal. Ziel der Bemühungen ist daher die allgemeine Einführung islamischen Religionsunterrichtes in deutscher Sprache, der Muslimen unterschiedlicher Herkunft offen stünde und dessen Inhalte auch für die deutsche Seite transparent sein sollten. Zweifellos könnte es gelingen, hiermit eine Verbindung zwischen säkularer und religiöser Erziehung zu schaffen, die Identitätsfindung junger Muslime zu erleichtern und den Einfluß integrationsfeindlichen Religionsunterrichtes zu schmälern. Ein Allheilmittel ist es allerdings nicht, denn für viele Muslime ist das Bedürfnis nach religiöser Erziehung breiter angelegt. So kann die Religon nicht ein Schulfach unter vielen sein, sondern soll als Grundhaltung alle Bereiche des Lernens umfassen und prägen.

Schließlich beobachten wir in mehreren Schulfächern Konflikte, für die von muslimischer Seite religiöse Gründe vorgebracht werden. In erster Linie wird der gemeinsame Sport- und Schwimmunterricht von Jungen und Mädchen beklagt, der mit der islamischen Morallehre unvereinbar ist. Vergleichbare Ängste werden auch bei gemeinsamen Schulausflügen und Freizeitunternehmungen wach. Daß in diesem Zusammenhang vor allem die Mädchen zurückgehalten werden, während man bei den Jungen kompromißbereiter ist, liegt allein daran, daß weibliches Fehlverhalten die Ehre der Familie verletzen kann. Von islamischer Seite wird diese Ungleichbehandlung oft mit sehr deutlichen Worten kritisiert. Für eine Minderheit von Muslimen sind auch die Fächer Musik und Kunst umstritten, Musik wegen der ihr eigenen Tendenz zur Verführung der Menschen, Kunst, weil sich der Mensch insbesondere durch bildliche Darstellungen in unzulässiger Weise als Schöpfer betätigt.

Familie und soziales Umfeld

Einen tiefen Einschnitt bedeutet schließlich für die muslimische Familie, die in einen nicht-islamischen Kontext übersiedelt, der Verlust der Großfamilie und der islamischen Gesellschaft, in die die einzelnen Familien eingebunden sind. Fast alle muslimischen Familien in Deutschland sind sogenannte Kernfamilien, die untereinander, ob verwandt oder nicht, einen relativ engen Zusammenhalt suchen. So tritt die muslimische Gemeinschaft bedingt an die Stelle der Großfamilie, kann aber nie dieselbe Qualität erreichen. Sie übernimmt die Funktionen der sozialen Kontakte und der Kontrolle über die Einhaltung von islamisch-orientalischen Verhaltensnormen. Durch die Tatsache, daß hier nur eine relativ kleine Gruppe nach diesen Normen lebt, und zwar inmitten einer anders ausgerichteten Gesellschaft, steigt die Bedeutung der sozialen Kontrolle auf der einen Seite, während andererseits ihr Einfluß begrenzt bleibt. So gibt es beispielsweise in Deutschland durchaus Fälle von muslimischen jungen Mädchen, die ihr Elternhaus aus Protest gegen die traditionelle Lebensweise und gegen den Willen von Vater oder Mutter verlassen, um sich privat und beruflich in einem anderen sozialen Umfeld zu orientieren. In den meisten muslimischen Ländern wäre das nicht möglich, weil die Gesellschaft insgesamt dem jungen Mädchen die Einhaltung traditioneller Normen abverlangt und das Verlassen der Familie nicht zugesteht. Abweichendes Verhalten wird sanktioniert und unterbunden, indem es der oder dem Betreffenden unmöglich gemacht wird, anderweitig Fuß zu fassen.

Die Rückbindung an enge und weitläufige Verwandte in der Heimat bleibt sehr eng und zweifellos vorrangig vor dem Umgang mit muslimischen oder gar nicht-muslimischen Bekannten. Für Frauen kann sich diese Situation doppelt tragisch auswirken. Ihnen fehlt die Gesellschaft und Unterstützung der Verwandten sowie das weiblich geprägte soziale Umfeld insgesamt, das in der Heimat ihren Zugang zu Gesellschaft und Öffentlichkeit darstellte. Ihrem Anschluß an nicht-muslimische Frauen steht von der Religion nichts entgegen; er wird aber erschwert durch Sprachbarrieren, mangelndes Interesse und häufig sehr unterschiedliche Lebensauffassungen. Von sehr konservativer Seite wird den Musliminnen Skepsis im Umgang mit europäischen Frauen nahegelegt, deren Kleidungsstil und Lebensweise auf keinen Fall zur Nachahmung verleiten sollten. Neben den vielen berufstätigen Musliminnen gibt es eine nicht unerhebliche Zahl, die somit vollkommen isoliert von der Außenwelt in einer Wohnung leben und bestenfalls hin und wieder in Begleitung ihres Mannes das Haus verlassen können, eine Form der Vereinsamung, die die traditionelle islamische Gesellschaft nicht kennt.

c) Vorurteile und Integration

Hierzulande wird häufig mit einem kritischen Unterton bemerkt, daß sich in Dörfern und Städten rein muslimische Wohnviertel herausbilden, die ein hohes Maß an innerem Zusammenhalt aufweisen, sich nach außen aber abschirmen. Was hier leichtfertig als ein Indiz für mangelhafte Integrationsbereitschaft angesehen wird, ist zunächst ein weltweit zu beobachtendes Verhalten zugewanderter Minderheiten, das auf muslimische Gastarbeiter in Europa ebenso zutrifft wie auf europäische Vertreter von Politik, Wirtschaft und Medien in der islamischen Welt. Aufgrund der enormen Bedeutung, die religiöser Identität, traditioneller Lebensweise sowie familiärer Zusammengehörigkeit zugesprochen wird, erstaunt es nicht, daß dem Kontakt mit anderen Muslimen hier und mit nahen und entfernten Verwandten in der Heimat Priorität gegenüber dem Kontakt mit Deutschen eingeräumt wird. Andererseits gibt es auf muslimischer Seite auch viele Stimmen, die zum Kontakt mit nicht-muslimischen Nachbarn, Mitschülern und Arbeitskollegen ermutigen und gerade im Leben in einer andersgläubigen Umgebung eine Chance sehen, den Islam neu zu durchdenken und zu beleben, ohne seinen Geist zu verraten.

Die insgesamt sehr komplexe Thematik von Integration und Segregation kann an dieser Stelle sicher nur angerissen werden. Zunächst kann und muß es bei Integration nicht um die einseitige Aufgabe von Werten und Lebensgewohnheiten und Anpassung an andere gehen. Es ist ein Prozeß, der beiden Seiten abverlangt, offen und respektvoll miteinander umzugehen und Kompromisse zu schließen, wo das friedliche Zusammenleben es erfordert. Die Rechtsgrundlagen und Traditionen des muslimischen Familienlebens bergen diesbezüglich nur wenige Stolpersteine, zumal wenn man im Blick behält, daß man nicht in allen Dingen zu einer einheitlichen Auffassung gelangen muß. Integration wird nicht verhindert durch islamische Kleidung oder traditionelle Erziehungsmuster in der Familie noch durch das Grundgesetz, das hiesige Verständnis von Religionsfreiheit oder das Bestreben deutscher Schulen, die Kinder zur Gleichberechtigung der Geschlechter zu erziehen. Weitaus problematischer als die tatsächlichen Konflikte sind die tief verwurzelten Vorurteile auf beiden Seiten und die Tendenz, die eigene Religion, Kultur und Lebensweise für überlegen und daher allgemein verbindlich zu halten.

Seit einigen Jahren werden zahlreiche islambezogene Bildungsveranstaltungen für Erwachsene mit dem Ziel der Aufklärung und Verständigung durchgeführt. Die Diskussionen zeigen aber immer wieder, wie viele Teilnehmer einfach nicht bereit oder auch nicht in der Lage sind, auch nur irgend etwas im Islam positiv zu sehen. Auch nach einer ausführlichen und ausgewogenen Darstellung beispielsweise der vielfältigen Ausdrucksformen islamischer Frömmigkeit oder der Bedeutung und Sicherung sozialer Gerechtigkeit in der islamischen Gesellschaft werden sich die anschließenden Fragen auf den Heiligen Krieg und die Unterdrückung der Frau beziehen und unterschwellig eine simple Bestätigung der einseitigen und vorurteilsbehafteten Vorinformation der Fragenden einfordern.

Im Gespräch mit Muslimen kann man durchaus analoge Erfahrungen machen und feststellen, daß deren Vorurteile gegenüber der westlichen Welt, die nur noch von

Promiskuität und Materialismus bestimmt zu sein scheint, ebenso tief verwurzelt sind. Dies führt zu völlig realitätsfernen und irrationalen Ängsten zum Beispiel in der Frage, was auf einem gemeinsamen Schulausflug von Jungen und Mädchen geschieht. In vielen Köpfen hält sich auch die Überzeugung, daß alle Deutschen ihre Ehepartner betrügen.

Viel hartnäckiger als die Vorurteile selbst ist oftmals die fehlende Bereitschaft auf beiden Seiten, diese nüchtern zu überdenken und gegebenenfalls zu revidieren, Überlegenheitsgefühle abzubauen und die schlichte Tatsache zu akzeptieren, daß man alles so oder auch anders sehen kann.

Eine Schlußbemerkung

Am Ende dieses Buches hoffe ich, einen Beitrag zum Verständnis des Familienlebens im Islam geleistet und dieses aus seinen eigenen religiösen Quellen und Traditionen heraus erklärt zu haben. Es ist menschlich und geradezu unvermeidlich, andere Kulturen, Religionen und Auffassungen durch die Brille der eigenen Überzeugungen wahrzunehmen und zu bewerten. Für das Verständnis derselben ist es aber nicht besonders hilfreich, wenn man aus der eigenen Sicht bewertet, bevor man versucht hat, das andere aus sich selbst heraus zu verstehen. Das muß nicht zur Werteneutralität führen, aber vielleicht doch zu der schlichten Erkenntnis, daß unser Denken nicht das Maß aller Dinge ist und sich nicht auf alle Welt übertragen läßt. Was uns logisch und schlüssig erscheint, kann für jemand anderen absurd sein und umgekehrt. Mir selbst wurde das vor einigen Jahren auf einer Reise durch Syrien klar:

In einem kleinen Hotel in Lattakia kam ich abends an der Rezeption ins Gespräch mit einem jungen Mann, der durch die Nachtwache im Hotel sein Studium finanzierte. Er freute sich, eine Touristin zu treffen, die sich mit orientalischen Sprachen und der islamischen Religon beschäftigte, und verwickelte mich sogleich in ein Gespräch, in dem er genau wissen wollte, wie ich den Islam sehe und was mich bisher davon abgehalten hat, zu konvertieren. Schließlich kamen wir auch auf das Verhältnis von Mann und Frau zu sprechen und die Skepsis, die Muslime ihrem unkontrollierten Umgang in aller Regel entgegenbringen. Ich folgte der mir geläufigen Argumentation, moralisch einwandfreie Beziehungen zwischen den Geschlechtern seien eben nur innerhalb von Ehe und Familie möglich, ansonsten aber aufgrund der sexuellen Anziehung sehr fraglich. Ich fand es ein leichtes, diese Vorstellung empirisch zu widerlegen. Schließlich war ich moralisch vollkommen unbeschadet unter anderem aus diversen Terminen beim Zahnarzt oder Unterredungen mit dem Professor an der Universität hervorgegangen. Ich erzählte mehrere solcher Beispiele von mir und meinen Freunden, eben aus dem deutschen Alltag, in dem ein unkomplizierter und häufig rein freundschaftlicher und kollegialer Umgang zwischen Männern und Frauen an der Tagesordnung ist. Für meine Begriffe hatte ich klare Beweise geliefert und die These meines muslimischen Gesprächspartners souverän widerlegt. Aber der guckte mich nur sehr erstaunt an und sagte schließlich: „Da kannst du mal sehen, wie krank ihr schon seid."

•

Literaturhinweise

Die nachfolgende Aufstellung beschränkt sich auf eine Auswahl von Titeln in europäischen Sprachen, die zur weiterführenden Lektüre empfohlen werden können.

Abadan-Unat, Nermin: Die Familie in der Türkei – Aspekte aus struktureller und juristischer Sicht, in: Orient 28, Opladen 1987.

Ahmad, Imtiaz: The Role of the Family in Islamic Society, in: Dialogue and Alliance 9/1,1995.

Ahmed, Munir D.: Erziehung und Wissenschaft, in: Der Nahe und Mittlere Osten Bd. 1, Opladen 1988.

Ahmed, Munir D.: Traditionelle Formen der Erziehung in der islamischen Welt, in: Zeitschrift für Kulturaustausch 38/3, Stuttgart 1988.

Aldeeb Abu Sahlieh, Sami A.: Verstümmeln im Namen Yahwes oder Allahs. Die religiöse Legitimation der Beschneidung von Männern und Frauen, in: Cibedo 2, Frankfurt/M. 1994.

Akhtar, Shabbir: The Muslim Parents Handbook: What Every Muslim Parent Should Know, London 1993.

Ali, Syed Ausaf: Islam and Modern Education, in: Muslim Education Quaterly 4, Cambridge 1987.

Badran, Margot: Feminists, Islam and Nation. Gender and the Making of Modern Egypt, Princeton 1995.

Balic, Smail: Islamische Erziehung heute. Muslimische Kinder in einer säkularisierten Umwelt (Modell Deutschland), in: Islam und der Westen 4/1, Angern 1984.

Balic, Smail: Lehrautoritätsstruktur im Islam, in: Islam und der Westen 7/1, Angern 1987.

Borrmanns, Maurice: Islam and the Family, in: Salaam 15, New Delhi 1994.

Cavdar, Ibrahim: Islamischer Religionsunterricht an deutschen Schulen, in: Cibedo 4, Frankfurt/M. 1994.

Chafiq, Chahla: La femme et le retour de l'Islam. L'expérience iranienne, Paris 1991.

Chafiq, Chahla et Farhad Khosrokhaver: Femmes sous le voile – Face à la loi islamique, Paris 1995.

Cooke, Miriam: Zaynab al-Ghazali: Saint or Subversive?, in: Die Welt des Islams 34, Leiden 1994.

Elyas, Nadeem: Familienplanung und Abtreibung aus islamischer Sicht, in: Cibedo 4, Frankfurt/M. 1995.

Ende, Werner: Ehe auf Zeit in der innerislamischen Diskussion der Gegenwart, in: Die Welt des Islams 20, Leiden 1980.

Erpenbeck, Gabriele: Gesellschaftliche Konfliktfelder, in: Cibedo 1, Frankfurt/M. 1996.

Günther, Ursula: Die Frau in der Revolte: Fatima Mernissis feministische Gesellschaftskritik, Hamburg 1993.

Hartmann, Richard: Die Religion des Islam. Eine Einführung, (Nachdruck) Darmstadt 1992.

Hecht-El Minshawi, Beatrice: Wir suchen wovon wir träumen. Zur Motivation deutscher Frauen, einen Partner aus dem islamischen Kulturkreis zu wählen, Frankfurt/M. 1988.

Hecht-El Minshawi, Beatrice: Zwei Welten, eine Liebe. Leben mit Partnern aus anderen Kulturen, Hamburg 1992.

Heine, Ina und Peter: O ihr Musliminnen... Frauen in islamischen Gesellschaften, Freiburg/Br. 1993.

Heller, Erdmute und Hassouna Mosbahi: Hinter den Schleiern des Islam. Erotik und Sexualität in der arabischen Kultur, München 1993.

Khoury, Adel Theodor: Abtreibung im Islam, in: Cibedo-Dokumentation 11, Köln 1981.

Kiral, Filiz: Islamische Familien in Deutschland. Ein Leben mit oder zwischen zwei Kulturen, in: Informationen für Religionslehrer 38, Frankfurt/M. 1993.

König, Karin: Tschador, Ehre und Kulturkonflikt. Veränderungsprozesse türkischer Frauen und Mädchen durch die Emigration und ihre soziokulturellen Folgen, Frankfurt/M. 1985.

Der Koran. Übersetzung von Adel Theodor Khoury. Unter Mitwirkung von Muhammad Salim Abdullah, 2. Auflage, Gütersloh 1992.

Lacoste-Dujardin, Camille: Mütter gegen Frauen. Mutterherrschaft im Maghreb, Zürich 1990.

Mernissi, Fatema: Geschlecht Ideologie Islam, München 1987.

Mernissi, Fatema: Der politische Harem. Mohammed und die Frauen, Freiburg/Br. 1992.

Mernissi, Fatema: Die vergessene Macht. Frauen im Wandel der islamischen Welt, Berlin 1993.

Mernissi, Fatema: Der Harem in uns. Die Furcht vor dem Anderen und die Sehnsucht der Frauen, Freiburg/Br. 1996.

Minai, Naila: Schwestern unterm Halbmond. Muslimische Frauen zwischen Tradition und Emanzipation, München 1989.

Minces, Juliette: Verschleiert – Frauen im Islam, Hamburg 1992.

Minces, Juliette: Le Coran et les femmes, Hachette, Paris 1996.

Muslim Minorities in the West. Ed. by Syed Z. Abedin and Ziauddin Sardar, London 1995.

Nasir, Jamal J.: The Status of Women Under Islamic Law and Under Modern Islamic Legislation, London 1994.

Petersen, Andrea: Ehre und Scham. Das Verhältnis der Geschlechter in der Türkei, Berlin 1985.

Pitzer-Reyl, Renate: Zur Religiosität junger türkischer Muslime in einer mittelhessischen Kleinstadt, in: Cibedo 4, Frankfurt/M. 1995.

Rieck, Jürgen: Islamische Eheverträge. Merkblätter für Auslandstätige und Auswanderer, Nr. 10, 9. Auflage, Köln 1991.

Schiffauer, Werner: Die Gewalt der Ehre. Erklärungen zu einem türkisch-deutschen Sexualkonflikt, Frankfurt/M. 1983.

Serozan, Rona: Die Stellung des Kindes in der türkischen Familie aus zivilrechtlicher Sicht, in: Zeitschrift für Türkeistudien 2, Leverkusen 1990.

Timm, Klaus und Aalami, Schahnas: Die muslimische Frau zwischen Tradition und Fortschritt. Frauenfrage und Familienentwicklung in Ägypten und Iran, Berlin 1976.

Vagt, Holger: Die Frau in Saudi-Arabien zwischen Tradition und Moderne, Berlin 1992.

Walther, Wiebke: Islamischer Fundamentalismus und Frauenglück. Die Ägypterin Sainab al-Ghasali als Propagandistin fundamentalistischer Sozialethik, in: Blickwechsel (Hg. Donate Pahnke), Marburg 1993.

Wedell, Marion: Nur Allah weiß, was aus mir wird… Alter, Familie und außerfamiliäre Unterstützung aus der Sicht älterer Türkinnen und Türken, Frankfurt/M. 1993.

Den Islam verstehen

Peter Heine
Konflikt der Kulturen oder Feindbild Islam
Alte Vorurteile – neue Klischees – reale Gefahren
Band 4455

Der Autor arbeitet die Geschichte der Vorurteile auf, zeigt, wo Kritik
recht hat und wo fatale Mißverständnisse vorliegen.

Annemarie Schimmel
Al-Halladsch – „O Leute, rettet mich vor Gott"
Texte islamischer Mystik
Band 4454

Die schönsten Texte des islamischen Mystikers. Eine faszinierende
Einführung in das Innere des Islam.

Eberhard Horst
Der Sultan von Lucera
Friedrich der II. und der Islam
Band 4453

Eine spannende und kenntnisreiche Erzählung über das Leben des
Sultans von Lucera – geschrieben von dem berühmten historischen
Schriftsteller.

Fatema Mernissi
Der Harem in uns
Die Furcht vor dem Anderen und die Sehnsucht der Frauen
Band 4430

Geschichten über ein Leben in einer Gemeinschaft starker Frauen – wie
Heldinnen aus 1001 Nacht.

Ursula Spuler-Stegemann
Muslime in Deutschland
Nebeneinander oder Miteinander
Band 4419

Spektakulär: Die Ausrufung des Islamstaates Türkei in Köln. Wer
Kultur, Mentalität und Verhalten eines großen Bevölkerungsanteiles
hierzulande verstehen will, braucht dieses Buch.

HERDER / SPEKTRUM

Peter Heine
Kulturknigge für Nichtmuslime
Ein Ratgeber für alle Bereiche des Alltags
Band 4307
Ein Ratgeber, der mit praktischen Tips und vielen Hintergrundinformationen hilft, die fremde Mentalität zu verstehen und uns den Umgang mit ihr erleichtert.

Emma Brunner-Traut
Die Stifter der großen Religionen
Echnaton, Zarathustra, Mose, Jesus, Mani, Muhammad, Buddha, Konfuzius, Lao-tse
Band 4254
Welche Menschen stehen hinter den großen Religionen? Was ist Legende, was Wirklichkeit? Ein neues Standardwerk der großen Autorin.

Ina und Peter Heine
O ihr Musliminnen ...
Frauen in islamischen Gesellschaften
Band 4217
Frauen zwischen religiösem Ideal, rechtlicher Einengung und sozialer Realität – ein fundiertes, plastisches Portrait.

Frithjof Schuon
Den Islam verstehen
Innere Lehre und mystische Erfahrung
Band 4189
Was macht den Kern des Islam aus? Weit entfernt von Zerrbildern und Vorurteilen beschreibt Schuon, warum und woran Muslime glauben.

Adel Theodor Khoury
Der Islam
Sein Glaube, seine Lebensordnung, sein Anspruch
Band 4167
Zwei Millionen Muslime leben mitten unter uns. Weltweit ist der Islam im Vormarsch. Was wissen wir über diese vielschichtige Religion?

HERDER / SPEKTRUM

Das Ethos der Weltreligionen
Hinduismus, Buddhismus, Konfuzianismus, Daoismus,
Judentum, Christentum, Islam
Herausgegeben von Adel Theodor Khoury
Band 4166

Imam Abd ar-Rahim ibn Ahmad al-Qadi
Das Totenbuch des Islam
Die Lehren des Propheten Mohammed über das Leben nach
dem Tode
Band 4150
Die faszinierende Vision eines großen Religionsstifters über die lange
Reise der Seele nach dem Tod.

Fatema Mernissi
Der politische Harem
Mohammed und die Frauen
Band 4104
„Fesselnd, mit großer Sensibilität, einer Mischung aus Zurückhaltung
und Kühnheit geschrieben" (Le Figaro).

A. Th. Khoury/L. Hagemann/P. Heine
Islam-Lexikon
Geschichte – Ideen – Gestalten
Drei Bände in Kassette
Band 4036
„Ein echter, wertvoller Gewinn, gleichsam eine Gebrauchsanleitung für
das Gespräch von morgen" (Rheinischer Merkur).

Die fünf großen Weltreligionen
Islam, Judentum, Buddhismus, Hinduismus, Christentum
Herausgegeben von Emma Brunner-Traut
Band 4006
Über die Grenzen der Kontinente hinweg erschließt dieses Buch den
Kosmos der Religionen.

HERDER / SPEKTRUM

Saliha Scheinhardt
Liebe, meine Gier, die mich frißt
Erzählung
Band 4290

Eine gescheiterte Liebe treibt eine junge Frau in immer neue enttäuschende Beziehungen. Erst langsam erkennt sie ihre Abhängigkeit und wehrt sich.

Saliha Scheinhardt
Sie zerrissen die Nacht
Erzählung
Band 4232

Eine kurdische Familie auf der Flucht vor Hunger, Krieg und Unterdrückung. – Die authentische Geschichte der Odyssee einer jungen, starken Frau.

Saliha Scheinhardt
Und die Frauen weinten Blut
Erzählungen
Band 4188

Drei Frauenschicksale zwischen türkischen Slums und dem „gelobten Land" Deutschland. „Ein sensibles und eindringliches Buch" (Merkur).

Saliha Scheinhardt
Frauen, die sterben, ohne daß sie gelebt hätten
Erzählung
Band 4155

Inzwischen verfilmt: Eine verzweifelte junge Türkin in Deutschland tötet ihren Mann, gegen dessen Brutalität und sexuelle Gewalt sie sich nicht mehr zu wehren weiß.

Saliha Scheinhardt
Drei Zypressen
Erzählungen über türkische Frauen in Deutschland
Band 4080

Türkische Frauen zwischen zwei Kulturen. Ein herausforderndes und sehr politisches Stück Frauenliteratur über das Leben in der Fremde.

HERDER / SPEKTRUM

Im Brennpunkt

Rafik Schami
Damals dort und heute hier
Über Fremdsein
Band 4609

Im Gespräch mit Erich Jooß erzählt Schami von seiner eigenen
Erfahrung mit Fremdsein und vom Reichtum des „anderen".

Hans Maier
Wie universal sind die Menschenrechte?
Band 4557

Ein kontroverses Thema, geklärt im Blick auf Geschichte und heutige
Interessenkonflikte.

Ignatz Bubis/Wolfgang Schäuble
Deutschland wohin?
Hrsg. von Frank Schirrmacher
Band 4487

Frank Schirrmacher im Gespräch mit Ignatz Bubis und Wolfgang
Schäuble. Spannend, kontrovers, grundsätzlich und wegweisend.

Hans Maier
Politische Religionen
Die totalitären Regime und das Christentum
Band 4414

Die Geschichte des 20. Jahrhunderts zeigt: Politik und Religion gingen
eine gefährliche Verbindung ein. Welche Konsequenzen ergeben sich
daraus?

Stephan H. Pfürtner
Fundamentalismus
Die Flucht ins Radikale
Band 4031

Eine glänzende Analyse – von den Fußball-Hooligans bis zum religiösen
Fanatismus.

HERDER / SPEKTRUM